안전 습관,
이것만은 알아 둬!

초판 1쇄 발행 2016년 2월 18일
초판 3쇄 발행 2022년 6월 15일

지은이 박현숙
펴낸이 이지은
펴낸곳 팜파스
책임편집 박주혜
디자인 박진희
마케팅 김민경, 김서희

출판등록 2002년 12월 30일 제10-2536호
주소 서울시 마포구 어울마당로5길 18 팜파스빌딩 2층
대표전화 02-335-3681   **팩스** 02-335-3743
홈페이지 www.pampasbook.com | blog.naver.com/pampasbook
이메일 pampas@pampasbook.com

값 11,000원
ISBN 979-11-7026-072-1 (74190)
      979-11-7026-062-2 (세트)

ⓒ 2016, 박현숙

- 이 책의 일부 내용을 인용하거나 발췌하려면 반드시 저작권자의 동의를 얻어야 합니다.
- 잘못된 책은 바꿔 드립니다.

이 도서의 국립중앙도서관 출판예정도서목록(CIP)은 서지정보유통지원시스템 홈페이지(http://seoji.nl.go.kr)와 국가자료공동목록시스템(http://www.nl.go.kr/kolisnet)에서 이용하실 수 있습니다.(CIP제어번호: CIP2016002196)

아이의 인성을 키우는
생활예절 교실
04

생활 속 안전 습관 깨우치기

안전 습관, 이것만은 알아 둬!

박현숙 글
박연옥 그림

누군가는 꼭
알려주어야 할
아이의 인성, 가치관,
관계 의 기본

팜파스

작가의 말

여러분은 하루 종일 부모님께 무슨 말을 제일 많이 듣나요?

'공부해.'

맞아요, 그렇겠지요. 또요?

"조심해!"

그래요. 선생님도 어렸을 때 부모님께 조심하라는 말을 참 많이 들었어요. 집을 나서면 온통 위험한 것 투성이거든요. 자동차, 계단, 엘리베이터, 낯선 사람. 휴우! 하나하나 다 셀 수 없을 만큼 많아요.

그렇다면 집안이나 학교는 안전할까요?

아니에요. 우리가 생활하는 곳에는 늘 위

험이 도사리고 있답니다. 평소에는 우리에게 편리함을 주는 물건이 한순간 위험한 물건으로 변할 수도 있어요.

게다가 위험한 일은 눈 깜박할 사이에 일어난답니다.

얼마 전에 우리 위층에 사는 일곱 살 아이에게 실제 일어났던 일을 말해 줄게요. 아이는 엄마와 함께 백화점에 갔어요. 엄마가 뛰지 말라고 신신당부했는데 뛰다가 그만 백화점 입구 유리문을 들이받았지 뭐예요. 그 바람에 이마를 다섯 바늘이나 꿰맸답니다.

언제 어디서나 안전하게 생활하기 위해서 꼭 지켜야할 일들이 있어요. 안전 습관을 챙길 때 건강하고 즐거운 생활을 할 수 있는 거지요.

박현숙

목차

작가의 말 _4

01
질병에 걸리지 않으려면
어떻게 해야 할까요? _9

02
도로에서 조심해야 할 일을
알아보아요 _15

04
대중교통을 안전하게
이용하는 법을 알아보아요 _27

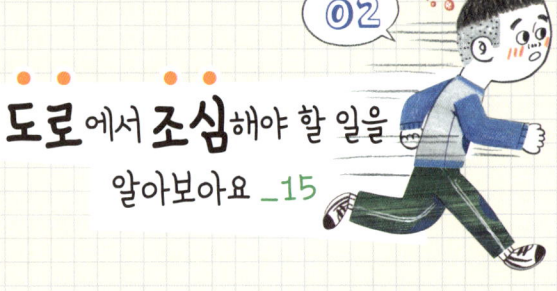
자동차를 탈 때 조심해야 할
일을 알아보아요 _21
03

05
항상 쓰는 물건도
잘못 사용하면 위험해요 _33

06
집에 있는 물건과 가구를
조심히 다뤄야 해요 _39

07
불장난을 하면 위험해요 _45

08
엘리베이터를 안전하게
이용하는 법을 알아보아요 _51

09 놀이기구는 바르게
타야 안전해요 _57

10 자전거를 안전하게
타는 법을 알아보아요 _63

11 수영장에서 어떤 규칙을 지켜야
안전할까요? _69

12 높은 곳에 올라가면
안 돼요 _75

13 옷과 신발을 바르게
신어야 해요 _81

14 사람을 함부로 따라가면
안 돼요 _87

15 '싫어요'라고 말할 줄
알아야 해요 _93

16 위험할 때는 어디로 전화해야
할까요? _99

질병에 걸리지 않으려면 어떻게 해야 할까요?

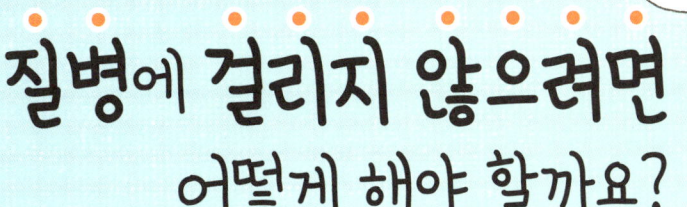

민수는 감기를 달고 살아요. 겨울에는 물론이고 여름에도 감기에 걸리니까요.

그것뿐이면 말도 안 해요. 민수는 배탈도 잘 나요.

눈병이 유행할 때면 눈병도 꼭 걸려요.

그런데 엄마는 민수가 질병에 잘 걸리는 이유가 있대요. 민수는 아무리 생각해 봐도 모르겠는데 말이죠. 이유가 뭐냐고 물어봐도 엄마는 곰곰이 생각해 보라고만 해요.

민수는 꼭 그 이유를 알아내서 올해는 절대 질병에 걸리지 않겠다고 결심했어요!

밖에 나갔다오면 배도 고프고 목이 말라요

오늘도 민수는 신 나게 공놀이를 하고 집으로 뛰어 들어왔어요. 열심히 놀았더니 배도 고프고 목도 말라요. 엄마는 또 손 씻으라고 잔소리하지만 민수는 잽싸게 주방으로 달려갔지요.

아프기 싫어!

공놀이를 하고 집에 들어온 민수는 냉장고 문을 활짝 열었어요.

"와! 시원하겠다."

민수는 콜라 캔을 따서 벌컥벌컥 마셨어요.

"어? 감자튀김이다."

민수는 엄마가 만들어 놓은 감자튀김도 찾아냈어요. 마침 배가 고픈데 잘 되었지 뭐예요. 민수는 감자튀김을 덥석 집어먹었어요. 손에 묻은 시커먼 때가 감자튀김에 묻어 입으로 들어갔어요.

냠냠! 쩝쩝! 민수는 병균까지 아주 맛있게 먹었지요.

그날 저녁이었어요. 민수는 갑자기 배가 아팠어요. 그냥 아픈 정도가 아니라 바닥을 데굴데굴 굴러다닐 정도로 아팠어요.

결국 민수는 한밤중에 응급실로 실려 갔어요. 응급실에서 주사를 맞고 조금 괜찮아지자 의사 선생님이 다가와 민수에게 무엇을 먹었냐고 물어봤어요.

"얼음처럼 차가운 콜라를 두 개 마시고요. 음, 집에 가자마자 손으로 감자튀김을 집어 먹었어요."

"배탈이 나도 제대로 났군요."

의사 선생님은 민수에게 엄청 큰 주사를 놔주었어요.

옆에서 지켜보던 엄마는 이게 다 손을 씻지 않고 음식을 먹어서 그런 거래요. 손에 묻은 병균까지 다 먹어서 배탈이 난 거라고요.

민수는 앞으로 음식을 먹을 때는 손을 꼭 씻고 먹어야겠다고 결심했어요.

너무 차가운 음식도 먹지 않을 거예요.

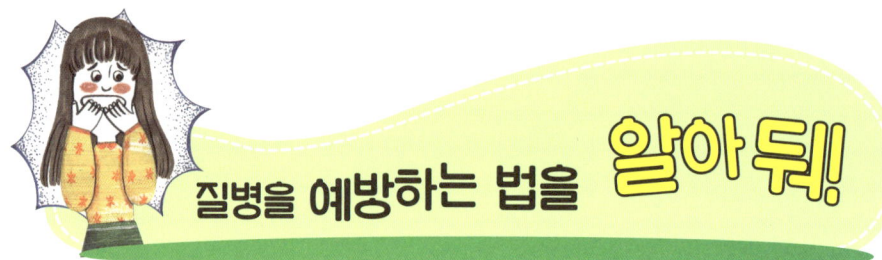

질병을 예방하는 법을 알아둬!

사람을 아프게 하는 병은 여러 가지가 있어. 하지만 우리가 조금만 신경 쓰면 예방할 수 있는 질병도 많아.

그럼 어떻게 예방을 할 수 있을까?

첫 번째, 예방접종을 꼭 해야 해. 우리 몸에 나쁜 바이러스가 들어왔을 때 그것과 싸워 이기는 힘을 기르기 위해 예방접종을 하는 거야. 흔히 하는 예방접종으로는 독감과 간염, 결핵, 파상풍 등이 있어. 몸이 약한 어린이들은 미리미리 해 두어야 한단다.

두 번째, 봄이면 중국에서 모래바람이 불어오는걸 알고 있니? 이 모래바람을 황사라고 한단다. 요즘엔 황사보다 더 나쁜 미세먼지도 우리나라로 들어오지. 황사나 미세먼지는 사람의 호흡기관으로 들어와서 알레르기 비염과 기관지염, 그리고 천식 등의 호흡기 질환을 일으켜. 또 눈에도 염증이 나게 만들지. 그래서 황사나 미세먼지가 불어오는 봄철이나 겨울철, 감기가 유행하는 계절에는 밖에 나갈 때 마스크를 하도록 해.

세 번째, 질병에 걸리지 않으려면 손과 몸을 깨끗하게 해야 해. 그리고 밖에서 돌아오면 손과 발부터 꼭 씻는 것도 잊으면 안 된단다. 앞에서 말한 황사나 미세먼지가 있을 때는 더 깨끗하게 씻어야 해. 코와 입에 묻은 먼지도 깨끗하게 씻어내고 말이야.

네 번째, 여름철에는 배탈이 나기 쉬워. 덥다고 해서 너무 차가운 음식을 많이 먹으면 안 돼.

무엇보다 우리 몸의 면역력을 키워주는 게 제일 중요하기 때문에 아프지 않으려면 항상 골고루 잘 먹고 충분히 자야 한다는 걸 꼭 기억해 두렴!

건강하게 만들어주는 생활계획표

아픈 게 딱 질색인 친구들을 위한 생활계획표가 나왔어요! 이 계획표대로만 지키면 건강하게 지낼 수 있대요. 여러분도 오늘부터 하나씩 지켜보도록 해요.

나도 이제 잘 알아요!

01. 감기에 걸리지 않으려면 어떻게 해야 할까요?

02. 차가운 음식을 많이 먹으면 여러분의 몸은 어떻게 될까요?

03. 봄철에 마스크를 쓰는 이유는 뭘까요?

도로에서 조심해야 할 일을 알아보아요

민수는 성격이 아주 급한 편이에요. 어디든 쌔애앵! 하고 달려야 속이 시원하지요.

그래서 엄마는 아침이면 민수를 잡고 도로에서 다닐 때 주의해야할 점을 한참이나 말해줘요. 민수는 엄마 말을 들을 때면 조심해야겠다고 생각해요.

하지만 밖에 나오면 깜박깜박 잊는 것이 문제예요.

그러던 어느 날 민수는 교통사고가 날 뻔했어요. 항상 다니던 길이라서 안심하고 마구 달리다가요. 정말 심장이 떨어지는 줄 알았어요.

그제서야 민수는 앞으로 정말 조심해야겠다는 생각을 했어요.

 ## 민수는 뭐든지 빨리 빨리!

민수는 마음이 급해서 뭐든지 빨리 빨리해야 해요. 길을 건널 때도 초록불이 곧 꺼지려고 해도 마구 뛰어가요. 사람이 많은 인도에서도 답답한 마음에 다른 사람을 밀치며 빨리 뛰어가고요.

자동차가 무서워!

"끼이익!"

자동차가 요란한 소리를 내며 민수 앞에 멈췄어요. 민수는 깜짝 놀라 그 자리에 털썩 주저앉았지요.

"신호가 바뀌는데 뛰어들면 어떻게 해? 어디 다친데 없니?"

자동차에서 아저씨가 내려 민수를 일으켜 세웠어요. 놀라서 주저앉기는 했지만 다친 데는 없어요. 다행히 자동차와 부딪히지 않았으니까요. 아저씨는 전화번호를 적어주면서 혹시 아프면 전화를 하라고 했어요.

민수는 벌렁벌렁 뛰는 가슴으로 학교에 갔어요. 온종일 공부가 머리에 들어오지 않았어요. 학교가 끝나자마자 민수는 엄마와 함께 병원에 갔어요. 혹시 다친 곳은 없나 해서요. 다친 곳은 없대요. 대신 엄마에게 등짝을 세게 맞았어요.

"너 정말, 다치면 어쩔 뻔 했어? 민수야, 제발 길을 건널 때는 신호등을 잘 보고 건너. 신호등이 초록색이라고 해도 좌우를 잘 살피고 말이다."

엄마는 집으로 돌아오는 동안 했던 말 또 하고 했던 말을 다시 했어요. 지난번에 길을 걷다가 민수가 밀쳐서 넘어지는 바람에 허리를 다친 아줌마 이야기도 또 했어요.

민수는 그날 밤 아주 무서운 꿈을 꾸었어요. 눈이 부리부리한 자동차 괴물한테 잡혀가는 꿈이었어요.

민수는 별거 아니라고 생각했던 자동차가 정말 무섭다는 것을 깨달았지요. 아까 사고가 날 뻔했던 상황도 자꾸 떠올라서 등줄기가 오싹해졌어요. 민수는 앞으로 도로에서 차를 조심해야겠다고 다짐했어요.

도로 안전 수칙을 알아 둬!

도로는 정말 복잡해. 자동차도 많고 사람도 많아. 조심하지 않으면 큰 사고가 날 수 있단다. 그렇다면 도로에서 일어나는 사고를 예방하기 위해서는 어떻게 해야 할까? 도로에서 지켜야할 규칙을 꼭 지키는 것이 중요하겠지. 그 중에서도 신호 지키기는 참 중요하단다. 자동차 도로에 있는 자동차 신호등뿐만 아니라 사람이 다니는 횡단보도의 신호등도 말이야. 수많은 자동차와 사람들이 신호등을 잘 따라야 안전하게 길을 지나다닐 수 있거든. 한 사람이라도 신호를 지키지 않는다면 사고가 일어나는 거야. 신호뿐만 아니라 도로 곳곳에 있는 표지판도 잘 알아두고 지켜야한단다.

또 길을 건널 때는 횡단보도나 지하도를 이용해야 해. 자동차가 다니는 차도를 건너면 교통사고를 당할 수가 있거든. 횡단보도가 아닌 도로로 건너는 것을 무단횡단이라고 해. 무단횡단은 무척 위험한 것이란다.

참, 혹시 철길을 지나가 본 적 있니? 기차가 지나갈 시간이 되면 안전차단기가 내려오면서 땡땡땡! 하고 위험신호가 울린단다. 그럴 땐 차단기 앞에 멈춰 섰다가 기차가 완전히 지나간 다음 철길을 건너야 해.

그리고 좁은 골목에서 차도로 나올 때는 잠시 멈춰 서서 앞뒤와 좌우를 잘 살펴야 해. 어린이들이 주위를 살피지 않고 골목에서 마구 뛰어다니다가 교통사고를 당하거든.

마지막으로 사람이 많이 다니는 길을 걸을 때는 어떻게 해야 할까? 뒤돌아보며 장난치지 않고 앞을 보고 다녀야 해. 그리고 앞에 가는 사람을 밀치는 행동은 하지 말아야 한단다.

도로 표지판 알아두기

우리가 다니는 도로 곳곳에는 여러 표지판들이 있어요. 사고가 나지 않도록 질서를 위해서 세워진 것이에요. 표지판이 무슨 뜻인지 알아두고 잘 지키면 사고 없이 안전하게 다닐 수 있답니다.

보행자 전용도로
사람이 다닐 수 있다는 표시예요.

횡단보도
길을 건널 수 있는 곳이라는 표시예요.

보행자 통행금지
사람이 다닐 수 없는 길이라는 표시예요.

자전거 겸 보행자 겸용도로
사람과 자전거 모두 다닐 수 있는 길이라는 표시예요.

자전거 및 보행자 통행구분
자전거와 걷는 사람이 함께 다닐 수 없는 길이라는 표시예요.

나도 이제 잘 알아요!

01. 혹시 여러분도 도로에서 사고가 났거나 날뻔 한 적이 있나요? 어떤 일이 왜, 어떻게 일어났는지 써 보세요. 그리고 다시 사고가 나지 않기 위해서는 어떻게 해야 하는지도 써 보세요.

02. 골목에서 큰길로 나올 때 앞뒤와 좌우를 살펴야 하는 이유는 뭘까요?

자동차를 탈 때 조심해야 할 일을 알아보아요

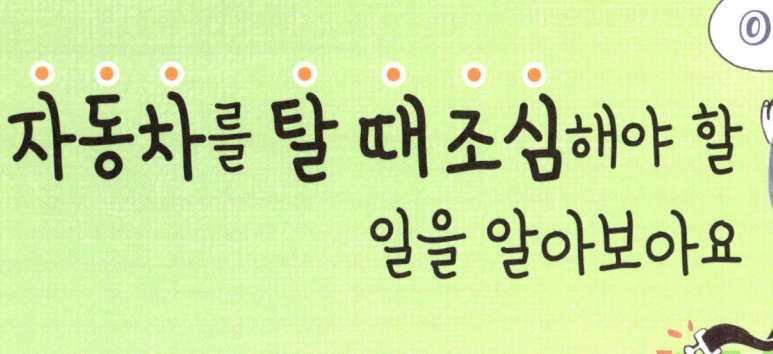

민수는 엄마, 아빠와 함께 가족여행을 갈 때가 참 좋아요.

특히 아빠가 운전하는 자동차를 타고 시골길을 달릴 때가 제일 좋지요.

그런데 엄마는 민수 때문에 그런 날이 제일 신경 쓰인다고 해요. 자동차를 타면 꼭 지켜야할 일이 있는데 민수가 그걸 잘 지키지 않는다고 말이에요. 민수의 행동이 운전하는 아빠에게도 방해가 된대요.

도대체 자동차를 타면 무엇을 어떻게 조심해야 할까요?

 ## 아빠 차를 타고 신 나게 놀러가는 날이에요

민수가 손꼽아 기다리고 기다리던 가족여행 날이 되었어요. 놀러가는 것도 좋지만 아빠 차를 타는 것도 재미있어요. 달리는 자동차 안에서 놀면 꼭 놀이기구를 타는 것 같거든요.

"민수 너! 안전띠도 안 매고! 얼른 똑바로 앉아!"

자동차는 놀이기구가 아니야!

"으악!"

민수는 비명을 지르며 팔을 얼른 자동차 안으로 넣었어요. 정말 큰일날 뻔했지 뭐예요.

"자동차 밖으로 팔을 내밀지 말라고 했지?"

엄마가 화를 버럭 냈어요. 운전하던 아빠도 놀랐는지 갓길에 차를 세우고 숨을 크게 내쉬었어요.

민수는 자동차가 옆으로 그렇게 지나갈지 몰랐어요. 하마터면 크게 다칠 뻔했어요.

"안전띠도 매 주면 바로 풀어버리고."

아빠도 민수에게 한 마디 했어요.

"지난번에는 얼굴도 내밀었잖아."

엄마도 아빠 말을 거들었어요. 민수는 고개를 숙이고 아무 말도 못했어요. 엄마, 아빠 말이 다 맞았거든요.

안전띠를 매고 제자리에 잘 앉아있었다면 창밖으로 팔을 내미는 일도 없었을 거예요. 그럼 다들 민수 때문에 놀라지도 않았을 거고요. 민수는 슬금슬금 안전띠를 맸어요. 그리고는 두 손을 무릎 위에 모으고 얌전히 앉았어요.

아빠는 그제서야 다시 자동차를 출발시켰어요. 엄마는 그런 민수가 걱정되는지 자꾸만 뒤를 돌아보며 가재미 눈으로 쩨려보고 있어요.

자동차 안전 수칙을 알아둬!

자동차를 타면 제일 먼저 해야 할 일은 안전띠를 매는 거야. 안전띠는 정말 중요하단다. 달리던 자동차가 갑자기 멈추거나 교통사고가 날 때 우리 몸을 안전하게 보호해 주거든.

예전에 높은 곳에서 자동차가 떨어지는 사고가 일어난 적이 있대. 그때 안전띠를 맸던 사람들은 무사했다고 해. 이것만 보아도 안전띠가 얼마나 중요한지 알 수 있겠지?

또 자동차를 탔을 때 창밖으로 손이나 얼굴을 내미는 아이들이 많이 있어. 이건 아주 위험한 행동이란다. 옆으로 다른 자동차나 오토바이가 지나갈 수 있거든. 그럴 때 부딪히면 크게 다치게 돼. 어떤 아이는 몸을 창밖으로 내놓기도 하는데 정말 위험한 행동이야.

그리고 자동차를 타고 갈 때 소리를 지르거나 떠들지 말아야 해. 그러면 운전하는 어른이 정신 없거든. 운전을 집중해서 하지 않으면 교통사고가 일어날 수도 있단다.

또 하나, 위에서 말한 것처럼 안전띠를 푼 채로 바르게 앉지 않고 좌석에 거꾸로 돌아앉아서 가는 아이들도 있어. 그러다가 뒤로 굴러떨어지거나 자동차가 멈춰서면 앞으로 튕겨나갈 수도 있으니 절대 하면 안 돼.

자동차를 탈 때는 조금 답답하더라도 지켜야 할 것을 꼭 지키도록 하자.

자동차를 타고 시골에 가는 길에 휴게소에서 퀴즈대회가 열렸어요.
교통안전공단이라는 곳에서 하는 퀴즈대회였는데 민수가 답을 제일 많이 맞춰서 일등을 한 거예요! 일등이라고는 해 본 적 없는 민수가 어떤 대답을 했기에 일등을 했을까요?

자동차를 안전하게 타려면? 아는 것을 모두 말하세요.

1. 안전띠를 매요.
2. 소리를 지르거나 시끄럽게 떠들면 운전에 방해가 되어요.
3. 창밖으로 얼굴이나 몸을 내밀지 않아요.
4. 용변은 휴게소에서 미리미리 보고 운전하는 중에 오줌이 마렵다고 조르지 않아요.
5. 차멀미를 할 것 같으면 미리 멀미약을 먹어두어야 해요.
6. 창밖으로 과자봉지나 쓰레기를 버리지 않아요.
7. 차 안 좌석에서 뛰지 않아요.

세상에! 민수가 일곱 가지나 대답을 했어요. 여러분은 몇 개나 알고 있나요?

 **나도 이제 잘 알아요!**

01. 달리는 차에서 창밖으로 과자봉지를 버리면 어떤 일이 일어날까요?

02. 자동차 좌석에서 안전띠는 왜 매는 걸까요?

03. 달리는 차에서 창밖으로 얼굴을 내밀면 나에게 어떤 일이 생길까요?

대중교통을 안전하게 이용하는 법을 알아보아요

04

민수는 할머니가 아빠를 걱정하는 모습이 웃기고 재미있어요.

아빠는 자동차가 고장 나는 바람에 며칠 동안 지하철과 버스를 갈아타면서 회사에 가야 하는데요. 할머니는 아빠에게 매일 아침마다 버스를 탈 때는 이것 조심해라, 지하철을 탈 때는 이것도 조심해라, 하면서 끝없이 말하거든요.

아빠니까 다 큰 어른인데 할머니 눈에는 아빠가 아기로 보이나 봐요. 아침마다 그 이야기를 같이 듣다보니 민수도 이제 다 외울 지경이 되었어요.

할머니가 말씀하는 걸 들어보면 버스나 지하철을 이용할 때 조심해야 할 것이 참 많은 것 같아요.

대중교통 타는 건 어려워요

민수는 아직 대중교통 타는 것이 어색하고 복잡하게 느껴져요. 엄마와 같이 타러가면 항상 잔소리를 듣지요. 지켜야 할 게 왜이리 많은지!

아빠와 나는 똑 닮았네

저녁에 아빠가 인상을 찌푸린 채 허리를 만지면서 들어왔어요.

"왜 그래요?"

엄마가 깜짝 놀라 물었어요.

"버스가 갑자기 서는 바람에 넘어졌어."

그렇게 말하면서 아빠는 할머니 눈치를 봤어요.

"미리 일어났나 보구나. 그러기에 조심하라고 했잖니."

할머니는 속상한지 계속 혀를 찼어요.

"지난번에도 같이 지하철을 탈 때 보니 전동차가 들어오는데 노란 선 안으로 들어가 있더구나. 그러다 다치면 어쩌려고."

"아휴, 그것뿐인 줄 아세요? 버스를 탈 때는 버스가 정류장에 멈출 때까지 기다리지 않고 차도로 내려간다니까요. 말 안 듣는 아이 같아요."

엄마도 할머니 말에 맞장구쳤어요. 아빠는 민수처럼 말을 지독하게 듣지 않는 아이가 되어버렸어요.

"그래? 그것뿐 아니다. 예전에는 출발하려는 버스를 타려고 달려가다 차도에서 넘어지기도 했지."

"어머나! 그건 아빠나 아들이나 똑같군요. 민수도 그런 적 있어요. 다음 버스를 타자고 하는데 굳이 뛰어가다 넘어졌거든요."

민수도 그날 일을 기억해요. 그때 넘어지는 바람에 턱이 찢어져서 꿰맸거든요.

할머니와 엄마는 밤늦도록 아빠와 민수 흉을 봤어요.

대중교통 안전 수칙을 알아둬!

버스나 지하철 같은 대중교통은 많은 사람들을 한꺼번에 목적지에 데려다 줘. 그래서 참 편리해. 하지만 조심해서 이용하지 않으면 위험하기도 하단다.

무엇을 조심해야 할까?

먼저 버스는 차가 많은 도로에서 여러 사람을 태우고 움직이기 때문에 버스 안에서 함부로 움직이지 않아야 해. 버스를 탈 때도 정류장에서 기다리다가 버스가 완전히 멈추면 타야 한단다. 버스가 오고 있는데 차도에 내려가면 무척 위험해. 내릴 때도 버스가 완전히 멈췄을 때 일어나서 내려야 해. 미리 일어났다가 버스가 움직이거나 갑자기 멈춰서면 넘어질 수 있거든. 자리가 없어서 서 있을 때는 손잡이를 꼭 잡고 있어야 한단다. 요즘 휴대전화를 만지작거리느라고 손잡이를 잡지 않는 사람들이 많아.

다음으로 지하철은 여러 사람이 한꺼번에 몰리기 때문에 주위를 잘 살피는 것이 중요해. 지하철을 탈 때는 노란선 밖에 순서대로 줄을 서 있어야 해. 지하철이 도착하면 차례대로 타고 만약 꽉 차서 탈 수 없으면 다음 차를 타도록 해. 억지로 타다가 문틈에 옷이나 신발, 가방이 낄 수 있단다. 그리고 지하철 안에서도 손잡이를 꼭 잡고 있어야 해. 지하철도 갑자기 멈춰서거나 출발할 수 있거든.

또 플랫폼과 지하철 사이의 틈새가 꽤 넓은 곳이 있어. 이런 곳에서는 발이 빠지지 않도록 주의하며 바닥을 잘 보고 다녀야 해. 물건도 빠질 수 있으니 조심하고 말이야.

조금만 주의하면 대중교통은 참 편리한 것이란다.

안전하게 버스와 지하철을 타는 법

여러 사람이 함께 타는 버스와 지하철은 편리하기도 하지만 위험하기도 해요. 질서와 규칙을 잘 지켜야 안전하게 탈 수 있어요. 버스와 지하철에서 지켜야 할 규칙들을 알아볼까요?

☆ 버스 ☆

1. 차도에 내려가서 기다리지 않아야 해요.
2. 차가 완전하게 선 다음 타도록 해요.
3. 차 안에서는 손잡이를 꼭 잡고 있어야 해요.
4. 차 안에서 장난을 치거나 뛰지 말아야 해요.
5. 차가 완전히 멈추고 난 다음 내려야 해요.

☆ 지하철 ☆

1. 줄을 서서 차례를 지켜야 해요.
2. 노란선 안에서 기다려야 해요.
3. 문틈에 옷이나 물건이 끼지 않도록 조심해요.
4. 사람들이 먼저 내리고 난 다음에 타야 해요.

 **나도 이제 잘 알아요!**

01. 기다리던 버스가 저만큼 오고 있어요. 안전하게 타려면 어떻게 행동해야 할까요?

02. 내가 탈 차례인데 지하철이 꽉 찼어요. 그냥 밀고 들어가야 할까요? 어떻게 하면 좋을지 이유와 함께 말해보세요.

항상 쓰는 물건도 잘못 사용하면 위험해요

민수는 만들기를 좋아해요.

종이를 잘라 만드는 것도 좋아하고 나무를 이용한 만들기도 좋아해요.

하지만 성격이 급한 탓에 만들기를 하면서 자주 다친답니다. 조심히 다루지 않으면 위험한 물건이 참 많거든요. 그래서 민수 손에는 자잘한 상처들이 가득해요.

편리하지만 위험할 수 있는 물건들은 어떻게 다루어야 안전할까요?

조금만 방심하면 다쳐요!

만들기를 좋아하는 민수는 칼이나 가위로 무언가를 자르는 것이 참 재미있어요. 특히 엄마가 칼로 쓱쓱 과일을 깎는 걸 볼 때마다 민수도 하고 싶어서 손이 근질근질해요.

매일 쓰는 물건도 조심조심!

민수는 과일을 깎다가 손가락을 베었어요. 그래서 병원에 가서 네 바늘이나 꿰맸지 뭐예요.

"엄마가 항상 조심하라고 말했잖니. 오늘도 엄마가 깎겠다고 하는데 굳이 칼을 빼앗아 가더니……."

엄마는 많이 속상해 보였어요. 사실 민수는 손가락을 꿰맨 것만 해도 벌써 세 번째거든요. 손가락뿐만이 아니에요.

이마가 찢어져서 꿰맨 적도 있고 발가락이 찢어진 적도 있어요. 머리는 아홉 바늘이나 꿰맸고요.

민수는 물건을 다룰 때 조심성이 부족하거든요. 대충대충 조심성 없이 물건들을 만지다가 떨어뜨리기도 하고 부서뜨리기도 해요. 그래서 어떤 때는 민수의 그런 행동 때문에 친구들까지 위험할 때도 있어요.

민수는 가위를 친구에게 줄 때 날카로운 부분을 불쑥 내밀거든요. 칼도 손잡이 부분은 자기가 잡고 날카로운 쪽을 내밀어요. 그러다가 물건을 받는 친구가 손을 다친 적도 있어요.

민수는 또 무거운 물건을 들 때 대충 들다가 다친 적도 있어요.

"무슨 물건이든 두 손으로 들어야 안전해."

엄마가 아무리 노래를 부르듯 말해도 민수는 설렁설렁 귓전으로 들어요. 그러다가 얼마 전에는 아빠가 거실에 있는 노트북을 안방으로 갖다 달라고 했어요. 민수는 한 손에는 과자를 들고 한 손으로 노트북을 들었어요.

그러다 그만 노트북을 발등에 놓치고 말았어요. 얼마나 아픈지 민수는 한 시간도 넘게 울었어요. 발등이 퉁퉁 부어서 한동안 운동화도 못 신을 정도였다니까요. 노트북도 고장이 나서 돈을 주고 고쳤대요.

물건을 조심히 다루는 법을 알아 둬!

우리가 사용하는 물건은 생활을 참 편리하게 만들어 줘.

하지만 잘못 사용하면 아주 위험한 물건으로 변하기도 한단다. 특히 연필이나 바늘처럼 뾰족한 물건, 가위나 칼처럼 날카로운 물건은 더욱 더 조심히 다루어야 해.

그래서 연필이나 바늘은 쓰고 나면 꼭 있던 자리에 넣어두어야 해. 작은 바늘 같은 것은 잃어버리기 쉬워. 어디에 있는지 몰라서 걸어다니다가 발에 찔릴 수도 있단다.

그리고 칼이나 가위는 잘못 다루면 바로 다치기 때문에 조심스럽게 써야 해. 또 친구에게 칼이나 가위를 건넬 때는 날카로운 부분을 내밀지 말고 손잡이 부분을 친구에게 내밀도록 해. 그럴 때 내가 날카로운 부분을 만지게 되는데 아주 조심해야겠지? 가위는 날이 벌어지지 않게 꼭 다문 다음 주면 더욱 안전할 거야.

또 콩처럼 작고 동그랗고 딱딱한 물건도 조심해야 한단다. 콩을 코에 넣는 장난을 치는 사람도 있는데 아주 위험한 행동이야. 기도로 넘어가서 숨이 막힐 수도 있거든. 콩을 바닥에 떨어뜨린 채 치우지 않아도 위험해. 콩을 밟고 미끄러져 뒤로 넘어질 수가 있단다.

그리고 또 하나, 돌이나 나무 같은 무거운 물건을 들 때는 두 손으로 들어야 한단다. 한 손으로 들거나 대충 들다가 무거운 물건이 발에 떨어지면 크게 다치니 말이야.

편리하지만 위험하기도 한 물건들

여기 모여 있는 물건들은 참 편리하면서도 조심하지 않으면 무섭게 변할 수 있대요. 다치지 않고 잘 쓰려면 어떻게 조심하면 되는지 알아보기로 해요.

가위
미술시간에 필요한 물건이에요.
음식을 만들 때 주방에서도 필요해요.
손을 베일 수 있어요!

망치
못을 박을 때 사용해요.
손을 망치에 찧을 수도 있고
머리에 맞으면 위험해요!

칼
연필을 깎기도 하고
종이를 자를 때 사용하기도 해요.
음식을 만들 때도 꼭 필요해요.
손을 베일 수 있어요!

선풍기
여름에 시원하게 해 주는
물건이에요.
손을 넣으면 선풍기 날개에
크게 다칠 수가 있어요!

손톱깎기
손톱이나 발톱을
깎을 수 있게 도와주어요.
손톱 안의 살까지 자를 수 있으니
주의해야 해요!

바늘
옷이나 헝겊을 꿰맬 때 사용해요.
손을 찔릴 수도 있고, 잃어버리기 쉬워서
떨어뜨리면 나중에 몸을 찔릴 수도 있어요.

 **나도 이제 잘 알아요!**

01. 우리 생활에 편리하지만 잘못 다루면 위험한 물건을 모두 써 보세요.

02. 다른 사람에게 칼이나 가위를 건넬 때는 어떻게 줘야 하나요? 그리고 그 이유는 뭘까요?

03. 바늘처럼 잃어버리기 쉬운 물건은 쓰고 나면 어떻게 해야 할까요?

집에 있는 물건과 가구를 조심히 다뤄야 해요 06

민수는 호기심이 참 많은 편이에요.

그래서 가끔 엄마를 놀라게 하고 혼자 당황하기도 해요. 그러다 보니 자꾸 사고를 쳐서 엄마께 혼나기 일쑤지요. 하도 잔소리를 듣다 보니 민수는 밖에 나가면 쓸데없이 호기심을 발동시키지 않으려고 해요.

하지만 엄마는 집에서도 조심하지 않으면 위험하기는 마찬가지라고 했어요. 집이든 밖이든 물건을 다룰 때는 항상 조심해야 한다면서 말이에요.

민수는 집안을 둘러봤어요.

어떤 물건을 어떻게 썼을 때 위험해지는 걸까요?

# 집에서도 장난치며 놀 것이 참 많아요!

호기심쟁이 민수는 집에 와서도 몸이 근질근질거려요. 물건들을 정해진 대로만 쓰는 건 재미없잖아요. 그래서 엄마 몰래 집에 있는 물건들로 재미있게 노는 법을 찾아냈어요!

그러다가 건조대 무너져! 얼른 내려오지 못해?

매일 다치는 애는 아니에요

민수는 소파에서 우당탕 굴러 떨어졌어요. 이제 곧 죽을 지도 모른다는 무서운 생각이 들었어요.

소파에서 물구나무를 서다가 벽에 걸린 액자를 차고 말았거든요. 그런데 글쎄, 액자가 민수의 머리로 떨어지면서 액자의 유리가 와장창 깨져 버렸어요.

"어머나, 이 일을 어쩌면 좋아."

엄마가 놀라서 달려왔어요. 민수는 엄마에게 업혀 병원으로 갔어요.

다행히 액자로 얻어맞은 머리는 밤톨만한 혹만 나고 찢어지지는 않았어요. 유리조각도 맞지 않았고요. 정말 다행이에요.

"흠, 저번에 건조대에 매달렸다가 떨어져서 엉덩이 뼈 검사한 아이 아닌가요?"

헉! 의사 선생님은 민수를 기억하고 있었어요. 지난번에 빨래 건조대에 매달려 그네를 타다가 건조대가 무너지는 바람에 민수도 다쳤거든요. 그때는 정말 엉덩이뼈가 부서지는 줄 알았어요.

민수는 창피해서 얼굴이 빨개졌어요. 의사 선생님은 민수가 매일 말썽만 피우는 줄 알 거예요. 뭐, 가끔 말썽을 피우기는 하지만 착하고 얌전할 때도 많은데요.

민수는 앞으로 이런 일 때문에 병원에 오지 않겠다고 굳게 결심했어요. 엄마 몰래 집안 물건들로 장난치는 것도 하지 않을 거예요. 또 사고를 쳐서 다치면 이제 창피해서 의사 선생님을 볼 순 없을 것 같거든요.

집에서 조심해야 할 것을 알아둬!

집안은 안전한 곳이야.

하지만 집안에 있는 물건을 잘못 다루면 위험할 수 있단다. 항상 쓰던 물건이라도 원래 써야 하는 대로 사용하지 않으면 사고가 일어날 수 있거든. 여러분들도 아래의 물건들 중에 하나라도 장난을 치거나 잘못 사용했던 적이 있을 것 같은데, 맞니?

어느 집이나 베란다에 빨래 건조대가 있을 거야. 거기에 매달리는 아이들도 참 많아. 그러다 건조대가 무너지면 다치니까 그런 행동은 하지 말아야 해. 튼튼해 보여도 우린 생각보다 무겁다는 걸 알아두렴!

또 욕실에서 비누를 썼으면 바닥을 물로 깨끗하게 씻어내야 해. 그렇지 않으면 슬리퍼를 신다가 미끄러져서 뒤로 넘어질 수 있어. 그러면 머리를 다치게 되는 거니까 정말 조심해야 해.

그리고 주방! 주방에는 여러분이 만지면 위험한 것들이 많아. 그중에서도 뜨거운 냄비를 함부로 들다가 음식을 엎어서 데일 수 있지. 뜨거운 그릇을 들 때는 마른 행주나 냄비집게를 꼭 쓰도록 해. 가장 좋은 건 어른들께 들어달라고 요청하는 거지만 말이야.

그리고 액자나 거실 탁자, 식탁 위에 깔린 유리도 잘못 다루면 위험해. 특히 탁자 위에 올라가서 뛰면 유리가 깨져 발을 다칠 수 있단다. 여름이면 꼭 필요한 선풍기도 조심히 다루어야 해. 선풍기가 돌아갈 때 손을 넣으면 손가락을 다치거든. 얼굴을 가까이 대다가 머리카락이 빨려 들어갈 수도 있으니 멀리서 사용하도록 하렴.

아무리 호기심이 발동해도 위험한 호기심은 꾹 참자!

민수네 아빠는 항상 가족들에게 다치지 않고 건강하게 지내야 한다고 말씀하세요. 그래서 가훈도 다치지 않는 행동들로 쭈욱 적어 거실 한복판에 걸어두었답니다. 여러분도 민수네 집 가훈을 잘 읽어 보고 다치지 않고 건강하게 지내는 법을 알아보아요!

'우리 집 가훈'

1. 유리로 된 탁자 위나 식탁 위에 올라가지 않기
2. 식탁 의자나 책상 의자에 올라서서 장난치지 않기
3. 욕실에서 나올 때는 바닥의 비눗물을 깨끗하게 닦기
4. 뜨거운 그릇은 조심해서 들기
5. 건조대에 매달리지 않기
6. 유리로 된 장식품은 조심히 다루기
7. 다리미와 같은 위험한 전자제품을 조심히 사용하기(되도록 사용하지 않기!)

 **나도 이제 잘 알아요!**

우리 집에는 조심하지 않으면 다칠 수 있는 물건들이 많아요. 민수는 함부로 사용하면 위험한 물건들에 주의사항을 적은 스티커를 붙이기로 했어요. 아래의 책장처럼 어떻게 사용하면 어떤 위험을 겪게 되는 지 말이에요. 여러분이 아래의 나머지 물건들에 직접 주의사항을 적어서 스티커를 붙여주세요. 예) 책장 - 책을 바르게 꽂지 않으면 쏟아져요.

⭐ 커튼

⭐ 비누

⭐ 건조대

⭐ 탁자 위 유리

⭐ 피아노

불장난을 하면 위험해요 07

민수는 혼자 라면을 끓여먹는 게 소원이에요.

그런데 엄마는 항상 안 된다고 해요. 불은 무척 무서운 거라고 하시면서요.

불은 잘 다루면 우리를 편리하게 도와주는 천사래요. 하지만 조심하지 않으면 아주 무서운 괴물로 변한다고 했어요.

특히 집안에서 매일 사용하는 가스불은 더욱 더 조심해야 한다고 했어요.

민수는 불이 천사도 되었다가 괴물도 된다고 하는데 대체 무슨 말인지 궁금해요.

 ## 친구 생일 파티에 갔어요

민수는 선물을 들고 수희네 집으로 갔어요. 오늘이 수희의 생일이어서 수희네 집에서 생일 파티가 열리거든요. 민수는 맛있는 케이크에 꽂힌 촛불을 들고 장난을 쳤어요. 지난번에 집에서도 그런 장난을 쳐서 혼이 났는데 까먹었나봐요.

불은 갑자기 커지는구나!

민수는 학교 앞에서 본 것을 한 번 해 보기로 했어요. 학교 앞에 오늘부터 웬 할아버지가 설탕과자를 팔았거든요. 국자 같은 것에 설탕을 넣고 불에 녹여 굳으면 아주 달콤한 설탕과자가 되는 거지요.

민수는 국자에 설탕을 넣고 가스렌지 불을 켰어요. 설탕이 녹으면서 갈색으로 변했어요. 달콤한 냄새가 집안 가득 퍼졌지요.

민수는 급하게 국자를 들다 그만 설탕 녹은 것을 불에 쏟고 말았어요.

"찌지지직."

그러자 커다란 불이 민수 얼굴을 향해 혹 올라왔어요. 민수는 깜짝 놀라 국자를 떨어뜨리고 울음을 터뜨렸어요. 설탕 녹은 것을 뒤집어 쓴 불은 꺼지고 말았고요.

"이게 무슨 냄새야?"

마침 엄마가 돌아왔어요. 민수의 이야기를 들은 엄마는 잔뜩 화가 났어요. 불이 올라올 때 만약 마른 행주가 옆에 있었다면 불이 붙을 수도 있었대요. 그러면 정말 큰일이에요. 불이 엄청 커지니까요.

"지난번에는 초로 불을 낼 뻔하더니!"

엄마는 지나간 이야기도 했어요. 며칠 전 민수는 서랍에서 찾아낸 케이크에 꽂는 초로 불장난을 했거든요.

가스렌지를 켜서 초에 불을 붙이려다 뜨거워서 그만 놓치고 말았는데 바닥에 깔린 매트에 불이 옮겨 붙은 거예요. 그때 아빠가 보지 않았다면 아마 집에 불이 났을지도 몰라요.

민수는 앞으로는 불을 조심해야겠다고 다짐했어요.

불조심하는 법을 알아둬!

불은 참 고마워. 불이 없으면 불편한 점이 한두 가지가 아닐 거야. 음식을 만들 때도 불이 필요하고 다른 물건을 만들 때도 필요해.

이렇게 고마운 불을 잘못 다루면 아주 무서운 얼굴로 변한단다. 소중한 집도 불이 나면 잿더미로 변하고 사랑하는 가족들도 목숨을 잃을 수 있어. 불 속에서 다행히 구조된다고 해도 불 때문에 입은 화상은 평생 남는 상처가 된단다. 그래서 불은 났을 때 빨리 끄는 것보다 예방을 하는 것이 중요해. 어른들도 조심해야하지만 아이들은 특히 더 조심해야 한단다.

어린이는 가스렌지 같은 조리도구는 만지 말아야 해. 가스가 새어나올 수도 있고 민수처럼 불이 날 수도 있거든. 평소에 불장난도 절대 해서는 안 돼. 어른들의 라이터나 성냥 같은 걸로 아무데나 불을 붙인다거나 촛불을 잘못 다루면 큰 불이 날 수 있어.

그런데 어른들 중에도 불을 함부로 다루는 사람이 많아. 담배를 피고 아파트 베란다에서 던지는 사람도 있어. 불이 꺼지지 않은 채 떨어져 화단의 나뭇잎에 옮겨 붙으면 큰 불이 난단다.

그리고 산에 놀러가서 라면을 끓여 먹거나 차를 마시기 위해 불을 사용하는 사람이 있어. 그러다 산에 불이 나면 소중한 숲이 전부 타버리게 돼. 산에서는 절대 불을 사용해서는 안 돼.

또 하나, 집안에서 쓰는 전자제품 중에 오래 되어 전선이 낡은 것이 있으면 빨리 바꿔야 한단다. 여러분이 이러한 것들을 잘 알아두었다가 어른들께 똑똑하게 말씀드리면 더욱 좋을 거야!

불이 났을 때 대피하는 법

만약 집이나 학교에 불이 났을 때는 어떻게 해야 할까요? 불이 났을 때 대피하는 법을 미리미리 알아두어야 갑자기 그런 상황이 되어도 안전할 수 있어요. 여러분도 아래의 대피법들을 잘 알아두도록 해요.

1. 제일 먼저 '불이야' 하고 외쳐요.
2. 119로 신고부터 해요.
3. 불이 났을 때 뜨거워진 난간이나 손잡이를 잡으면 안 돼요.
4. 연기가 코와 입에 들어가지 않도록 젖은 수건으로 막고 대피해요.
5. 고장이 나서 갇힐 수 있으니 엘리베이터를 타면 안 돼요.
6. 아래층으로 내려가지 못하면 옥상으로 올라가서 '불이야' 하고 외쳐요.

 **나도 이제 잘 알아요!**

01. 불이 났을 때는 어디로 신고해야 할까요?

02. 불이 났을 때 제일 먼저 '불이야' 하고 외치는 이유는 뭘까요?

03. 불장난은 왜 하면 안 된다고 생각하나요?

엘리베이터를 안전하게 이용하는 법을 알아보아요

민수네 아파트 엘리베이터는 고장이 자주 나요.

그런 날이면 땀을 뻘뻘 흘리며 계단으로 집까지 올라와야 해요. 자그마치 10층까지 말이에요! 그리고 올라오면 다리가 오징어 다리처럼 흐물흐물거리는 느낌이에요.

어떤 때는 엘리베이터에 탔을 때 고장이 나기도 해요. 얼마나 무서운지 저번엔 눈물 콧물을 줄줄 흘리며 울다가 경비 아저씨가 문을 열어줘서 겨우 나왔다니까요.

어제 관리실에서 엘리베이터 장난을 하지 말라고 방송을 했어요. 그러면 엘리베이터가 자꾸 고장난다고 말이에요.

엘리베이터는 언제 변할지 몰라요

민수는 오늘도 엘리베이터에 타자마자 신 나게 층이 적힌 버튼을 마구 눌렀어요. 버튼에 불이 켜졌다 꺼졌다하는 게 정말 재미있거든요. 띵! 5층에 엘리베이터가 멈추자 기다리던 아저씨가 타려고 해요. 그 순간 민수는 다다다다하고 닫힘 버튼을 마구 눌렀어요.

엘리베이터에 갇혔어!

"으악, 살려주세요!"

민수는 엘리베이터 안에 있는 손잡이 봉을 꽉 잡았어요. 잘 올라가던 엘리베이터가 갑자기 덜컹하고 멈추더니 불이 나갔어요.

"쿵, 쿠르릉."

어둠 속에서 엘리베이터는 이상한 소리를 냈어요. 금방이라도 저 아래로 뚝 떨어질 것 같았어요.

민수는 다리가 후들거려서 자리에 쪼그리고 앉아 울음을 터뜨렸어요. 하지만 아무리 울어도 누구도 민수를 구해주러 오지 않았어요.

민수는 울면서 생각했어요. 민수가 엘리베이터로 장난을 칠 때마다 경비 아저씨가 그러다가 고장난다고 말했거든요. 민수는 그때마다 콧방귀를 뀌었는데 이제야 후회가 되었어요. 조금 전에도 버튼을 마구 눌렀는데 그것 때문에 이렇게 되었나 봐요.

"제발 살려주세요. 다시는 엘리베이터로 장난치지 않을게요. 흐어엉."

민수는 울면서 소리를 질렀어요. 땀으로 목욕을 하고 얼굴이 눈물 콧물로 엉망진창이 되었어요. 얼마나 지났을까, 민수는 목이 쉬어 더 울지도 못했어요.

그런데 바로 그 때! 밖에서 시끄러운 소리가 들리더니 소방관 아저씨들이 엘리베이터 문을 열었어요.

눈물 콧물 범벅이 된 민수는 소방관 아저씨에게 안겨 한참동안 더 울었답니다.

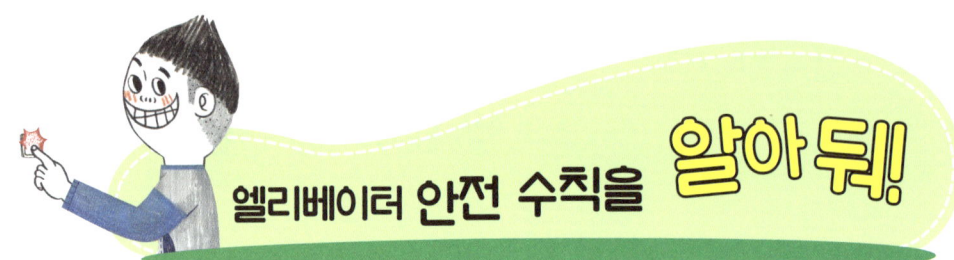

엘리베이터 안전 수칙을 알아둬!

높은 곳에 올라갈 때 엘리베이터가 고장 났다고 써 있으면 짜증이 나지? 왜 고장이 났느냐고 투덜거릴 거야.

엘리베이터가 고장이 나는 이유는 참 많아. 그 중에 하나는 바로 아이들이 재미로 하는 장난 때문이야. 엘리베이터에 타서 층마다 버튼을 누르는 장난을 하는 아이가 정말 많거든. 문열림 버튼과 닫힘 버튼을 마구 누르면서 엘리베이터 문을 닫았다 열었다하는 걸 재미있어 하는 아이도 많고 말이야. 하지만 바쁜 시간에 엘리베이터를 잡고 장난치는 아이는 정말 많은 사람을 화나게 만들지. 엘리베이터는 놀이기구가 아니라 여러 사람이 함께 사용하는 것이기 때문이야.

그런데 또 어떤 아이는 엘리베이터 안에서 장난을 치면서 마구 뛰기도 해. 왜 그런 장난을 하느냐고 물어보면 역시 재미있으니까 그런다고 하지. 하지만 재미로 하는 이런 장난들이 엘리베이터를 고장나게 만들기도 한단다.

엘리베이터가 고장나면 무서운 사고가 일어날 수 있어. 고장 난 엘리베이터가 밑으로 떨어져 사람이 다치거나 죽기도 해. 엘리베이터 안에 갇혀서 무서움과 공포에 떨기도 하고 말이야.

앞으로는 엘리베이터에서 장난을 해서는 안 되겠지?

차례차례 타기, 안에서 뛰지 않기, 버튼을 마구 누르지 않기, 엘리베이터 문에 기대지 않기 등 안전 수칙을 잘 지키면 얼마든지 안전하고 편리하게 이용할 수 있단다.

엘리베이터에 무슨 일이 생기면?

엘리베이터를 탔을 때 고장이 나서 갇히면 어떻게 해야 할까요? 정말 무서울 거예요. 하지만 아래의 행동들을 잘 외워두었다가 지키면 안전하게 탈출할 수 있어요. 여러분도 하나씩 읽어보세요.

1. 당황하지 말고 침착해야 해요(캄캄해질 수도 있어요).

2. 엘리베이터 안에 있는 종모양의 비상벨을 눌러요. 사람 목소리가 들리면 울지 말고 침착하게 지금의 상황을 말해요.

3. 문을 억지로 열지 말아요. 밑으로 떨어질 수 있어요.

4. 휴대전화가 있으면 엄마나 아빠, 또는 119에 알리도록 해요.

 **나도 이제 잘 알아요!**

01. 여러분은 엘리베이터에서 장난을 쳐 본 적이 있나요? 엘리베이터 장난을 치면 왜 안 되는지 생각해 보고 이유를 써 보세요.

02. 엘리베이터를 탔을 때 고장이 났어요. 가장 먼저 해야 할 일은 무엇일까요?

놀이기구는 바르게 타야 안전해요

민수는 놀이기구 타는 것을 참 좋아해요.

놀이터에서 타는 놀이기구도 좋고 놀이공원에 가서 타는 놀이기구도 좋아요. 빙글빙글 도는 것도 재미있고 무섭지만 빠르게 달리는 것도 재미있거든요. 또 친구들하고 놀다보면 시간도 금방 가고 즐거워요.

하지만 신 나고 재미있는 놀이기구도 바르게 타야 안전하다고 해요. 매일 가는 놀이터에서도 말이에요.

놀이기구는 어떻게 타야 할까요?

 **놀이기구는 위험하게 타야 재미있어요!**

민수는 식은땀이 줄줄 나는 무서운 놀이기구가 정말 재미있어요. 그래서 놀이터에서도 놀이기구를 서서 타기도 하지요. 놀이공원에 있는 꼬마기차를 탈 때는 안전띠가 없어야 더 재미있을 것 같기도 해요.

아무도 없을 때 살짝 풀어야지, 히히.

그냥 타는 건 시시해!

민수는 꼬마기차가 시시했어요. 아주 어린 아이들이나 타는 놀이기구 같잖아요. 꼬마기차는 엄청 천천히 가거든요.

그래서 꼬마기차를 탄 다음 안전요원이 매어 준 안전띠를 몰래 풀어버렸어요. 그것도 모르고 드디어 칙칙폭폭! 기차가 출발했어요.

민수는 몸을 들썩거리고 발을 구르며 놀았어요. 그런데 꼬마기차가 모퉁이를 돌면서 민수의 몸이 옆으로 기울어졌어요.

"으아악!"

민수는 넘어지지 않으려고 애썼어요. 하지만 소용없었어요.

옆으로 넘어진 민수는 그만 꼬마 기차에서 떨어지고 말았지요. 빨리 달리진 않아서 크게 다치진 않았지만 눈앞에 별이 우수수 쏟아지면서 팔꿈치와 머리가 아팠어요.

민수 때문에 꼬마기차는 중간에 멈춰 버렸어요. 그러자 민수를 꼬마기차에 태우고 의자에 앉아 쉬고 있던 엄마와 아빠가 놀라서 달려왔어요.

"으이구! 어떻게 한시도 눈을 못 떼게 해?"

민수는 엄마와 병원에 가서 약도 바르고 먹기도 했어요. 팔꿈치는 지난번에 그네에서 떨어져서 다쳤던 바로 그 자리를 또 다쳤어요. 그네 위에 올라가서 잘난 척한다고 한 발로 타다가 떨어졌던 적이 있거든요.

그래도 오늘은 크게 다치지 않아 다행이에요. 대신 엄마와 아빠에게 엄청나게 혼이 났지요. 이제 다시는 놀이공원에 데려가지 않는다고도 하셨어요.

민수는 안전띠를 풀어버린 게 너무 후회되었지요.

놀이기구 안전 수칙을 알아둬!

휴일이면 가족과 함께 놀이공원에 많이 가지?

놀이공원에는 재미있는 놀이기구가 참 많아. 신 나게 타다보면 하루가 어떻게 지났는지 모르게 지나버리기도 해.

그런데 안전 규칙을 지키지 않아 놀이공원에서 다치는 아이도 많단다. 이건 여러분이 자주 가는 동네 놀이터도 마찬가지야. 놀이터의 놀이기구에서도 마구 타다가 다치는 아이가 많거든.

그럼 놀이기구를 탈 때 어떤 규칙을 지켜야 안전하게 놀 수 있을까?

먼저 놀이공원에 갈 때는 간단한 옷을 입어야 해. 옷에 달린 모자나 긴 끈 때문에 옷이 놀이기구에 낄 수가 있거든.

그리고 놀이기구를 타기 전에 안내방송을 잘 들어야 해. 안내방송에서는 어떤 점을 조심해야 하는지 일러줘.

또 놀이기구에 타서는 바르게 앉아 안전띠나 안전장비를 꼭 착용해야 해. 귀찮다고 벗어버리면 크게 다칠 수 있거든. 혹시 안전장비가 고장이 났으면 안전요원에게 바로 말해야 한단다.

어떤 놀이기구는 탈 수 있는 키가 정해진 것도 있어. 정해진 키보다 작으면 탈 수 없는데 왜냐하면 팔이나 머리가 놀이기구의 틈에 끼일 수가 있거든.

또 놀이공원뿐만 아니라 놀이터에서도 놀이기구를 탈 때 항상 지켜야 할 것은 뭘까?

그래, 바로 질서를 지키는 일이야. 질서를 지키면 사고가 나지 않는단다.

놀이기구 안전 규칙

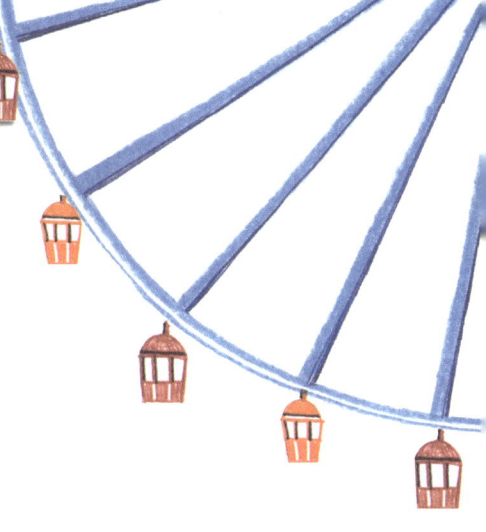

재미있지만 위험하기도 한 놀이기구! 안전 규칙을 잘 지켜야 더욱 재미있고 신 나게 탈 수 있어요. 다양한 놀이기구가 있는 놀이공원과 동네에 있는 놀이터에서 각각 조심해야 할 행동들을 꼭 알아두세요.

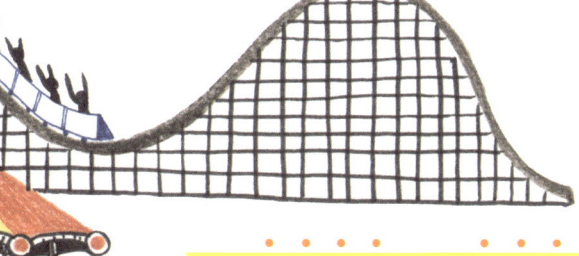

1. 놀이공원에서 놀이기구를 탈 때 조심해요!

- 놀이기구의 레버나 안전띠를 확인해요.
- 안전요원의 말을 잘 들어요.
- 떨어질 수 있는 물건을 갖고 타지 말아요.
- 놀이기구에 끼일 수 있는 목걸이를 하지 말고 끈이 있는 옷도 조심해요.

2. 놀이터에서 놀이기구를 탈 때 조심해요!

- 미끄럼틀을 탈 때는 미끄럼판이 아닌 계단으로 올라가요.
- 가방이나 장난감을 갖고 타지 말아요.
- 미끄럼틀을 타고 내려올 때는 한사람씩 내려와요.
- 미끄럼틀 아래에 서 있거나 앉아 있지 말아요.
- 시소 위에 서 있지 말아요.
- 시소에서 내리기 전에 반대편 친구에게 꼭 말해줘요.
- 회전기구를 탈 때는 타는 도중에 뛰어내리지 않아요.
- 회전기구가 돌아갈 때 멈추게 하려고 붙잡지 않아요.

나도 이제 잘 알아요!

01. 미끄럼틀을 안전하게 타려면 어떻게 해야 할까요?

02. 놀이공원에서 아래위로 돌아가는 놀이기구를 탈 때 주머니에 동전이 들어있으면 어떻게 될까요?

자전거를 안전하게 타는 법을 알아보아요

민수는 생일 선물로 고모에게 자전거를 받았어요. 예전부터 갖고 싶었는데 엄마는 위험하다고 사 주지 않았거든요. 자전거가 생겨서 잔뜩 신이 난 민수는 자기 전까지 자전거 앞을 떠나지 않았답니다.

다음날, 드디어 민수가 자전거를 타러 밖으로 나가는 날이었어요. 엄마는 민수가 못 미더운지 따라 나왔어요.

그리고 민수 뒤를 졸졸 따라다니면서 이것 조심해라, 저것 조심해라, 하고 끝없이 말했어요. 헬멧과 무릎보호대까지 채워주는 바람에 민수는 더 불편한 것 같았어요.

민수는 자전거를 타면서 조심해야 할 것이 참 많다는 것을 깨달았답니다.

자전거를 타면 쌩쌩 달릴 수 있어요

민수는 고모에게 선물 받은 자전거를 매일매일 타러 나갔어요. 내리막길에서는 다리를 쫙 벌리고 타기도 하고 슬쩍 손을 놓고 타기도 했지요. 그러다가 놀러온 사촌동생 보미도 뒤에 태워주기로 했어요.

자전거 타기는 자신 있어!

"으악!"

민수는 비명소리에 놀라 급하게 자전거 브레이크를 잡았어요.

"끼이익."

하지만 내리막길이라서 자전거는 쉽게 멈추지 않았어요. 엄청 빠르게 내려가던 중이라 더 빨라지는 느낌이에요.

겨우겨우 자전거를 멈춘 민수는 뒤돌아 봤어요. 헉! 뒤에 타고 있던 사촌동생 보미가 땅바닥에 엎어져 울고 있지 뭐예요.

민수는 깜짝 놀라 보미에게 달려갔어요. 보미는 얼굴이 온통 긁혀 있었어요. 바지는 무릎 부분에 구멍이 뻥 뚫렸고 피가 송송 솟고 있었어요.

민수는 그런 보미를 겨우 달래서 업고 집으로 돌아왔어요. 역시나 집에 돌아오자마자 다친 보미를 보고 엄마는 깜짝 놀라며 민수에게 잔소리를 퍼부었어요. 동생을 다치게 하면 어떻게 하느냐고 말이에요.

민수는 엄마 말을 듣지 않은 것이 후회되었어요. 엄마가 보미를 자전거 뒤에 태우지 말라고 했거든요. 자전거 뒤에 태우는 것은 아주 위험하다고 말이에요.

그리고 자전거를 탈 때는 내리막길이 있는 쪽으로 가면 안 된다고도 했어요. 빨리 내려가다가 제때 못 멈출 수도 있어서 넘어진다고요. 하지만 민수는 보미에게 잘난 척을 하고 싶어서 엄마 말을 듣지 않았던 거예요.

보미는 무릎을 아주 많이 다쳤어요. 민수는 보미에게 너무 미안했어요.

자전거 안전 수칙을 알아 둬!

자전거는 겉모습은 쉬워 보이지만 제대로 배워서 타지 않으면 무척 위험하단다. 특히 몸집이 작은 어린이들은 더욱 그렇지.

그래서 일단 자전거는 자기 몸에 맞는 크기를 선택해야 해. 키가 큰 사람이 몸에 맞지 않은 작은 자전거를 타거나 작은 사람이 큰 자전거를 타는 것은 위험해. 자전거를 탈 때는 먼저 자전거를 내 몸에 맞게 맞춰야 하지. 어떻게 맞추냐고? 먼저 안장에 앉아 핸들에 손을 올리고 발을 뻗었을 때 양쪽 발바닥의 반 정도가 땅에 닿을 만큼 안장의 높이를 조절하는 거야. 핸들을 잡았을 때 몸이 약간 앞으로 숙여지는 정도가 좋아. 또 안전을 위해서 안전모를 쓰는 것도 잊어서는 안 돼. 넘어지면 머리를 크게 다칠 수 있거든. 안전모가 움직이지 않도록 머리 둘레에 맞게 줄을 조여주어야 한단다.

그럼 자전거는 어디에서 타야 할까? 사람이 다니는 인도 말고 자전거 전용도로를 이용해야 해. 자전거 전용도로가 없을 때는 자동차와 같은 방향으로 달려야 한단다.

달리다가 내리막길을 내려갈 때는 꼭 속도를 줄여야 해. 가속도가 붙으면 쉽게 멈춰지지 않아서 갑작스러운 상황을 피하지 못할 수도 있거든.

그리고 자전거는 한 줄로 타야 한단다. 친구끼리 나란히 타면 안 돼. 뒷사람이 지나갈 수 있도록 자리를 비워두어야 하지. 또 민수처럼 뒤에 다른 사람을 태우는 것도 위험한 행동이야. 참, 마지막으로 횡단보도를 건널 때는 내려서 자전거를 끌고 건너야 해. 자전거는 자동차와 마찬가지로 도로를 이용하기 때문에 자동차가 지켜야 할 규칙을 똑같이 지켜야 한단다.

자전거타고 출동!

민수는 소중한 자전거를 오래오래 아껴서 타기 위해서 자기만의 규칙을 만들었어요. 아빠와 자전거 가게 아저씨께 들은 것들을 적어서 종이에 적어두었답니다. 이대로만 지키면 매일매일 안전하게 자전거를 탈 수 있을 것 같아요!

자전거를 타기 전에

1. 자전거 타이어에 구멍이 났는지, 바람이 잘 들어가 있는지 꼭 확인해야 해요.
2. 안전모를 쓰고 무릎보호대를 해요.
3. 자전거 안장 높이를 내 키에 맞추도록 해요.

자전거를 탈 때

1. 두 대 이상의 자전거가 나란히 달리면 안 돼요. 한 줄로 타야 해요.
2. 자전거를 타면서 휴대전화를 하면 안 돼요.
3. 큰길로 나갔을 때는 자전거 전용도로를 이용해야 해요.
4. 뒤에 다른 사람을 태우지 않아야 해요.
5. 횡단보도에서는 자전거에서 내려서 끌고 건너야 해요.

 **나도 이제 잘 알아요!**

01. 자전거를 탈 때 안전모는 어떻게 써야 안전할까요? 안전모를 제대로 쓰는 방법에 대해 자세히 써 보세요.

02. 횡단보도를 건널 때 자전거를 끌고 건너야 하는 이유가 뭐라고 생각하나요?

수영장에서 어떤 규칙을 지켜야 안전할까요?

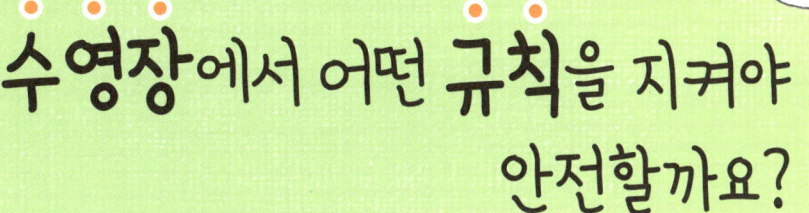

민수는 이번 달부터 수영을 배우기로 했어요.

엄마는 요즘 부쩍 민수가 뱃살이 나온다면서 수영을 하면 뱃살이 쏙 들어갈 거라고 했거든요.

사실 민수는 물을 무서워하는데 정말 걱정이에요. 혹시 물에 빠져 물을 벌컥벌컥 마시는 일은 없겠지요?

수영 선생님은 안전 규칙만 잘 지키면 그런 일은 절대 없다고 했어요. 그리고 곧 물개처럼 수영도 잘할 수 있게 된다고도 했어요.

물개라는 말에 민수는 마음이 설레요. 꼭꼭! 물개처럼 되고 싶었어요. 그러면 수영 선생님처럼 날씬한 배가 될 수 있을 것 같아요.

나도 물개처럼 수영도 잘하고 뱃살도 뺄 거예요!

민수는 아침에 일어나자마자 옷을 들추고 볼록 나온 뱃살을 꾹꾹 눌러보았어요. 그러고는 날씬한 수영 선생님을 생각하며 곧장 수영장으로 달려갔어요. 열심히 헤엄만 치면 될 줄 알았는데 해야 할 게 정말 많아요.

얘야! 준비운동도 안 하고 그냥 뛰어들면 안 돼!

바로 수영하면 되는 거 아니었어?

"삐이이익!"

수영장이 떠나갈 만큼 호루라기 소리가 쩌렁쩌렁 들렸어요. 물속으로 풍덩 뛰어들어 수영하려던 민수는 깜짝 놀라 주위를 둘러봤어요.

"너!"

그 때 수영 선생님이 민수를 가리키며 다가왔어요.

"다른 아이들은 다 준비운동을 하는데 너는 왜 그냥 물로 뛰어들지?"

수영 선생님은 화가 아주 많이 난 것 같았어요.

"물에 들어가기 전에는 꼭 준비운동을 하고 나서 물을 다리와 손에 묻힌 다음 천천히 들어가라고 했잖니?"

아, 맞아요. 아까 선생님이 그러라고 했어요. 갑자기 물에 뛰어들면 심장마비가 올 수 있다고 말이에요.

민수가 멋쩍게 웃고 있는데 수영 선생님이 이번엔 민수의 손을 가리켰어요.

"그리고 민수 너, 손에 들고 있는 거는 뭐지?"

"이거요? 음료수인데요?"

민수는 시원한 음료수병을 앞으로 내밀었어요.

"수영을 할 때는 아무 것도 들고 들어가지 말아야 해. 물속에 떨어뜨리면 물이 더러워지거든. 그리고 유리병은 더 위험해. 깨지면 정말 큰일이란다. 누가 유리조각을 밟으면 다치잖니?"

수영 선생님 말을 듣고 민수는 슬금슬금 물에서 나왔어요.

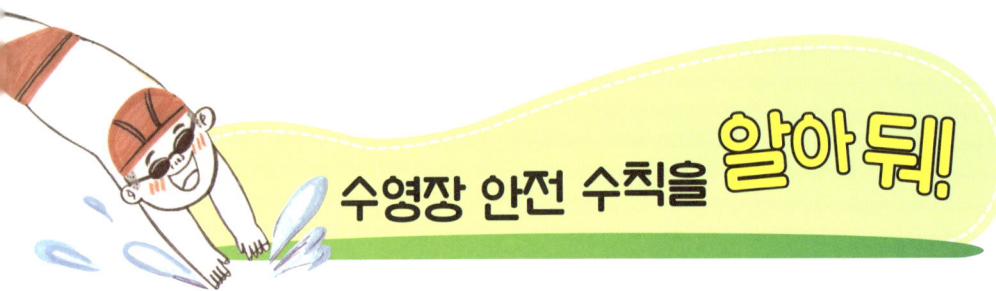
수영장 안전 수칙을 알아 둬!

수영은 시원하고 재미있는 놀이 중에 하나야.
하지만 모든 놀이가 그렇듯이 안전 규칙을 지키지 않으면 위험해질 수 있어.
그럼 수영장에서 어떤 것을 지켜야 할지 알아볼까?

물에 들어갈 때는 머리를 감고 샤워를 해야 해. 그렇지 않으면 몸에 묻은 먼지와 때가 물에 섞이게 된단다.

그리고 무엇보다 물에 들어가기 전에 준비운동을 해야 해. 준비운동이 끝나면 팔과 다리에 물을 묻혀 줘. 물에 갑자기 들어가면 심장이 놀랄 수 있거든.

또 수영장은 깊은 곳과 얕은 곳으로 나뉘어 있어. 깊은 곳이 더 재미있어 보여도 자기의 키에 맞는 곳에서 놀아야 안전해.

그리고 물속에서 너무 오래 있지 말아야 해. 40분 정도 물놀이를 했으면 물 밖으로 나와 20분 정도 쉬어야 한단다. 몸이 너무 차가워지거든.

만약 배불리 뭔가를 먹었다면 어느 정도 소화가 된 다음에 물에 들어가도록 해. 소화가 안 돼서 체할 수도 있어.

또 물속에서 물장구를 치고 노는 아이들이 있는데 그것도 하지 말아야 할 행동이야. 다른 사람에게 방해가 되거든.

참, 그리고 수영장 물속에서 소변을 슬쩍 보는 사람도 있어. 세상에! 그건 정말 해서는 안 될 행동이겠지? 아무리 귀찮아도 화장실을 이용해야 해. 수영장 물을 서로 깨끗하게 써야 전염병에 걸리지 않거든. 눈병 같은 것은 수영장에서 가장 많이 전염되는 병이란다.

수영장 안내서

민수가 다니는 수영장 입구에 커다랗게 안내서가 붙었어요. 민수는 글을 보고 괜히 찔렸어요. 그리고 꼭 지켜야겠다고 다짐했지요. 여러분도 수영장에서 내가 했던 행동들을 생각해 보고 잘 지켜보아요.

1.
- 샤워를 꼭 하고 물에 들어가기!
- 수영장 안에서 오줌 누지 말기!
- 물속에서 침 뱉지 말기!
- 수영모 꼭 쓰기!

→ 수영을 하다보면 자기도 모르게 물을 먹을 때가 있어요. 으으~ 머리카락이나 때가 둥둥 떠 있는 더러운 물은 정말 싫어요.

2.
- 반지나 목걸이 같은 것 하지 않기!
- 손톱, 발톱을 짧게 자르기!

→ 옆 사람을 다치게 할 수 있어요.

3.
- 뛰지 않기!
- 장난치지 않기!

→ 수영장은 미끄럽기 때문에 넘어져서 다칠 수 있어요.

4.
- 준비운동 꼭 하기!
- 중간에 한 번씩 물에서 나와 쉬기!

→ 준비운동을 하지 않으면 심장마비가 올 수 있어요. 그리고 물에 너무 오랫동안 있으면 체온이 떨어져서 위험해져요.

 **나도 이제 잘 알아요!**

01. 수영모를 쓰지 않으면 실내 수영장에 못 들어가게 해요. 왜 그럴까요?

02. 40~50분 정도 수영을 하면 물 밖으로 나와 쉬어야 하는 이유는 무엇일까요?

높은 곳에 올라가면 안 돼요

12

민수네 집에 신기한 일이 생겼어요.

베란다 바깥쪽으로 제비가 집을 짓기 시작했거든요! 하루 종일 지저귀면서 열심히 왔다갔다해요. 입에 뭘 물고 와서 신기하게도 척척 집을 지어요.

민수는 그걸 자세히 보고 싶어서 베란다 창틀로 올라갔다가 엄마한테 엄청나게 야단을 맞았어요.

민수는 조심하면 되지 않느냐고 말했어요. 엄마는 사고는 아차, 하는 순간에 일어나는 거라면서 위험한 행동은 하지 않는 것이 좋다고 했어요.

 # 베란다에서 노는 건 재미있어요

민수는 높은 곳에 올라가는 걸 좋아해요. 그래서 엄마 몰래 베란다에 나가서 아래를 내려다보곤 해요. 제비도 구경하고요. 앗, 아래에서 뭔가 시끄러운 소리가 나요. 궁금해진 민수는 베란다 난간 밖으로 점점 더 몸을 내밀었어요.

아래에서 무슨 재미있는 일이 생겼나? 어디 좀 볼까?

떨어질 뻔 했어!

오늘도 민수는 베란다에 있는 에어컨 실외기 위로 올라갔어요. 키가 커진 것 같은 느낌이 들거든요. 거실에서 걸레질을 하고 있는 엄마도 난쟁이처럼 작아보였어요.

"히히, 내가 왕이다!"

민수는 두 팔을 번쩍 들고 소리치며 펄쩍펄쩍 뛰었어요. 그때 아파트 밖에서 시끄러운 소리가 들렸어요.

"무슨 소리지?"

민수는 얼른 실외기에서 내려와 발꿈치를 들고 베란다 너머 아래를 내려다봤어요. 하지만 민수의 키가 작아서 잘 보이지 않았어요.

"에이, 안 되겠다."

민수는 거실에 있는 엄마를 슬쩍 보고는 베란다 창틀로 기어올랐어요. 엄마는 열심히 걸레질을 하느라 민수를 못 볼 것 같아요. 그러고는 배까지 밖으로 내밀었어요. 그러자 아래가 훤히 잘 보였어요.

"어어어?"

그때 갑자기 민수의 몸이 아래로 쏠렸어요. 너무 앞으로 몸을 내밀었나 봐요. 밑으로 떨어질 것 같았어요. 민수는 두 손에 힘을 꽉 주었어요.

"으으아앙, 엄마!"

"아이고, 이게 무슨 일이야?"

민수의 울음소리에 엄마가 얼른 달려와 민수를 잡아끌었어요. 민수는 겨우 베란다로 들어올 수 있었지요.

"민수 너 진짜! 떨어지면 어쩌려고 그래? 난간에 매달리지 말랬지?"

엄마의 불호령에 민수는 더욱더 눈물이 났어요.

높은 곳을 조심해야 한다는 걸 알아 둬!

높은 곳에 올라가는 걸 좋아하는 아이들이 꽤 많아.

그래서 창문이나 베란다, 계단 난간에 매달려 있는 아이들을 종종 볼 수 있어. 용감해 보인다고 생각해서 으쓱해 하기도 하거든.

하지만 높은 곳에 올라가는 것은 용감하거나 씩씩한 것이 아니야. 이런 행동은 정말 위험한 행동이지. 높은 곳에서 떨어지면 크게 다친단다.

왜냐하면 사람의 몸 중에서는 머리가 가장 무거워. 위에서 떨어지면 당연히 가장 무거운 머리부터 땅에 닿겠지? 우리 몸에서 중요한 머리를 다치면 목숨을 잃게 될 수도 있는 거야.

바깥뿐만 아니라 집안에서도 높은 장식장이나 화장대 위에 올라가는 아이들도 있어. 그러다 가구가 앞으로 넘어지는 바람에 거기에 깔려 다치기도 한단다.

그리고 어떤 집은 침대를 창문 쪽으로 붙여 놓기도 해. 이럴 때 절대 침대 위에 올라가서 창문을 내다보거나 창틀에 기대서는 안 돼. 그러다가 창문이 떨어져서 아래로 떨어질 수 있거든. 물론 침대 위에서 뛰는 것도 안 되겠지?

또 소풍이나 유원지에 놀러나갔을 때 '떨어질 위험 있음'이라는 팻말을 본 적이 있을 거야. 그런 곳에는 절대 들어가지 말자. 사고가 많이 일어나는 곳이기 때문에 표시해 둔 것이니 말이야.

이런 수칙을 잘 지킬 때 우리는 안전하게 지낼 수 있어.

 **나도 이제 잘 알아요!**

01. 짝꿍이 책상 위에 올라가 뛰고 있어요. 짝꿍에게 뭐라고 말해줘야 할까요?

02. 소풍을 갔는데 친구가 자꾸 떨어질 위험이 있다는 팻말이 있는 곳으로 가자고 해요. 아주 재미있는 곳이라면서요. 갈까 말까 망설여져요. 어떻게 해야 할까요?

옷과 신발을 바르게 신어야 해요

13

성격이 급한 민수는 옷을 입거나 운동화를 신을 때는 더 행동이 빨라져요. 그러다 보니 빨리 대충 입고 뛰어나가곤 해요.

그래서 겉옷의 지퍼를 제대로 올리는 적이 거의 없어요. 운동화를 신을 때도 끈이 풀어져 있는 일이 많구요.

엄마는 항상 그러면 위험하다고 말해요. 옷을 똑바로 입고 신발도 제대로 신어야 한다면서요.

옷을 입고 신발을 신는 것인데 왜 위험하다고 하는지 민수는 도무지 모르겠어요.

 ## 옷 입기에도 규칙이 있대요

솔직히 민수는 옷을 바르게 정리하는 것이 귀찮아요. 대충 입어도 편하기만 한데 말이에요. 하지만 엄마는 매일 잔소리만 해요.

민수야, 운동화 끈이 또 풀렸네. 그러다가 에스컬레이터에 끼면 큰일 나!

옷을 몸에 꽁꽁 싸매야 하나?

"그러기에 운동화 끈 좀 제대로 매라고 했잖니?"

엄마는 에스컬레이터 사이에 낀 민수의 운동화 끈을 겨우 빼냈어요. 엄마의 얼굴이 놀라서 그런지 홍당무 색깔처럼 변했어요. 엄마가 얼른 제대로 묶으라고 했는데도 민수는 딴청을 피우다가 에스컬레이터 사이에 운동화 끈이 끼어서 한바탕 난리였거든요. 민수 때문에 뒤에서 쇼핑카트를 밀고 오던 사람들도 투덜댔어요.

"죄송합니다, 죄송합니다."

엄마는 뒤돌아보고 허리를 계속 숙였어요.

"그만 가자."

엄마는 잔뜩 화가 났는지 시장도 보지 않고 집에 가자고 했어요. 햄버거 사 준다더니 사 주지도 않고 말이에요. 하지만 잘못한 게 있으니 얌전히 엄마를 따라 지하철역으로 갔어요.

"전동차 들어왔다."

엄마가 걸음을 빨리했어요. 민수도 엄마를 따라 겨우 지하철을 탔는데 으악! 어쩌면 좋아요?

제대로 입지 않아 펄럭이던 민수의 점퍼가 그만 지하철 문틈에 끼고 말았어요. 엄마가 잡아당겨보았지만 꿈쩍도 하지 않아서 민수는 그 상태로 다음 역까지 갔어요.

"이러다 다칠 수도 있다고! 옷 좀 똑바로 입으랬지?"

엄마는 또 화를 냈어요. 오늘은 정말 아슬아슬한 날이었어요.

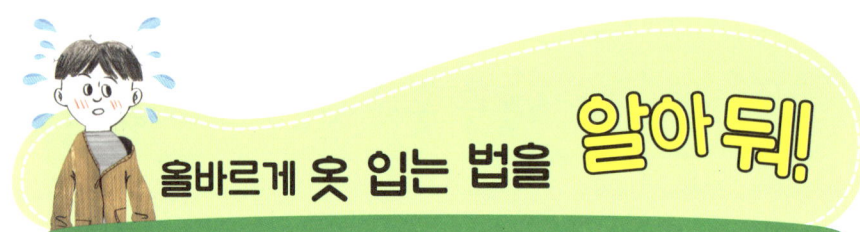

올바르게 옷 입는 법을 알아둬!

옷은 항상 단정하게 입어야 해. 그래야 보기에도 좋고 안전하거든.

신발도 마찬가지야. 운동화 끈을 제대로 매지 않는다든가 구겨 신지 말아야 해.

옷과 신발을 제대로 입지 않으면 사고가 일어나기도 하거든. 어떻게 옷 때문에 사고가 날 수 있냐고?

옷의 단추나 지퍼를 제대로 채우지 않으면 옷이 다른 것에 걸려서 넘어질 수 있어. 자동차나 대중교통을 탈 때 문틈에 낄 수도 있고 말이야.

만약 자동차나 대중교통에서 내릴 때 헐렁하게 입은 옷이 문틈에 끼었는데 그걸 모르고 차가 출발하면 정말 큰일나겠지?

운동화 끈도 마찬가지야. 운동화 끈은 걷거나 달리면서 풀릴 수 있어. 그러니까 처음부터 단단히 매어야 해. 운동화 끈이 풀렸다면 귀찮다고 생각하지 말고 곧바로 묶어야 한단다. 길에서 넘어질 수도 있고 에스컬레이터 사이에 끼어서 큰 사고가 날 수 있기 때문이야.

또 신발을 구겨 신고 다니는 것도 위험해. 걷거나 달리다가 넘어지기 쉽거든.

그리고 너무 치렁치렁한 옷이나 자기 발보다 큰 신발을 신는 것도 위험하단다. 자신의 몸에 알맞은 옷과 신발을 입는 방법에 맞게 제대로 입어야 내 몸을 안전하게 보호해 줄 수 있어.

잘못된 그림 찾기

여기 두 아이가 있어요. 같은 키에 비슷한 옷을 입었지요. 하지만 둘 중 한 아이는 옷을 제대로 입지 않았어요. 두 아이의 옷차림을 잘 비교해 보고 무엇이 잘못되고 잘되었는지 함께 찾아봐요!

머리카락이 헝클어져 있으면 문틈 같은 곳에 낄 수 있어요. 단정하게 빗어야 해요.

지퍼를 잘못 잠그면 옷이 자꾸 벗겨져요. 지퍼를 올바르게 맞춰서 끝까지 잘 잠가야 해요.

바지를 너무 크게 입으면 자꾸 바지 끝을 밟게 돼요. 키와 허리에 맞는 바지를 입어야 해요.

운동화 끈을 제대로 묶지 않으면 밟을 수도 있고 틈에 끼어서 넘어질 수 있어요. 단단하게 묶어야 해요.

 **나도 이제 잘 알아요!**

01. 운동화 끈을 단단히 매어야 하는 이유는 무엇일까요? 또 신발을 구겨 신으면 안 되는 이유는 뭘까요?

02. 퀄렁거리는 옷을 입거나 점퍼의 지퍼를 올리지 않았을 때 어떤 위험한 일이 생길 수 있을까요?

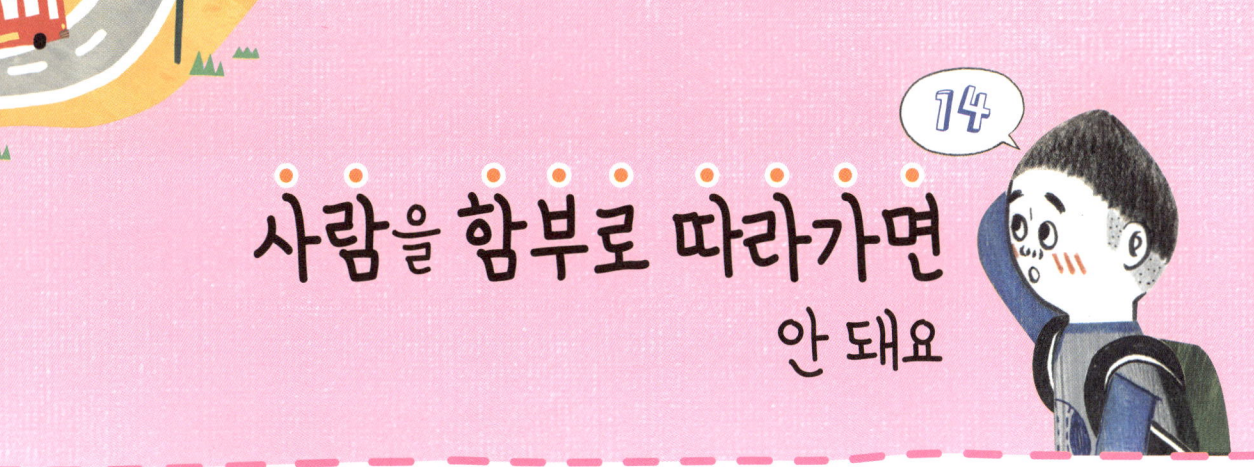

사람을 함부로 따라가면 안 돼요

학교가 끝나고 집에 가려고 나오는 민수에게 교문 앞에 서 있던 어떤 아저씨가 다가왔어요. 그러고는 아빠와 아는 사이인데 햄버거를 사 준다고 함께 가자고 했어요. 햄버거라는 말에 혹했지만 순간 낯선 사람을 따라가면 안 된다는 엄마의 잔소리가 반짝 떠올랐어요.

그래서 아저씨에게 민수네 아파트 이름과 동호수를 물어봤지요. 그런데 그 아저씨는 민수네 아파트 이름은 물론 109동 1203호라는 것도 다 알고 있었어요. 거기에다 아빠 휴대폰 전화번호도 알고 있고요.

흠, 정말 따라가도 되는 걸까요?

낯선 사람이 말을 걸어요

정말 이상해요. 엄마가 낯선 사람은 절대 따라가지 말라고 했는데 민수에게 말을 거는 사람들은 엄마, 아빠와 내 이름까지 다 알고 있거든요. 어떻게 된 걸까요? 정말 따라가도 되는 걸까요?

정말 따라가도 되는 사람일까?

"네가 민수지? 아줌마는 엄마 친구야."

민수가 교문을 나오자마자 어떤 아줌마가 급하게 다가왔어요. 엄마 친구라는데 처음 보는 아줌마였어요.

"너희 엄마가 조금 전에 교통사고가 나서 병원에 실려 갔어. 엄마가 얼른 너를 병원으로 데리고 오래."

"예에? 엄마가요? 우리 엄마가 다쳤어요?"

민수는 엄마가 교통사고가 났다는 말에 눈물부터 쏟아졌어요.

"그래, 그러니까 어서 가자."

아줌마는 저만큼 서 있는 자동차로 민수를 데리고 갔어요.

"자, 잠깐만요!"

순간 민수는 이상한 생각이 들었어요. 지난번에도 아빠 친구라면서 햄버거를 사 준다는 아저씨가 있었는데 그때 아빠한테 전화해서 확인했더니 그런 친구가 없으니 절대 따라가지 말라고 했었거든요. 민수는 하마터면 납치당할 뻔 했었어요.

"엄마한테 전화해 볼래요."

민수는 마음을 가다듬고 휴대전화를 꺼냈어요.

"엄마가 다쳤는데 어떻게 전화를 받아."

아줌마는 민수 손을 잡고 억지로 질질 끌어당겼어요.

"이거 놔요! 놓으라고요! 살려주세요."

민수는 쩌렁쩌렁 고함을 질렀어요. 지나가던 사람들이 모두 이쪽을 바라봤어요. 그러자 아줌마는 당황하더니 얼른 민수 손을 놓고 자동차를 타고 가버렸어요.

낯선 사람을 조심하는 법을 알아 둬!

처음 보는 사람을 따라가는 것은 아주 위험한 행동이야.

그 사람이 엄마나 아빠의 친구라고 해도 무조건 따라가서는 안 돼. 엄마와 아빠의 이름과 전화번호도 알고 있다고? 그래도 따라가지 말고 우선 엄마, 아빠한테 전화를 해서 확인을 해 봐. 혹시 엄마, 아빠가 전화를 받지 않으면 친척이나 다른 어른들에게 전화를 해서 물어봐야 해. 요즘에는 다른 사람의 정보를 쉽게 알아낼 수 있거든. 정말 엄마와 아빠를 아는 사람이 아닐 수도 있어.

참, 또 하나, 예전에는 어른이 무거운 것을 들고 가면 도와주어야 착한 어린이라고 했어. 하지만 지금은 그런 행동을 하는 것은 정말 위험해. 나쁜 사람들이 물건을 들어달라고 부탁하면서 다가오거든. 길에서 만약 위험한 상황이 된다면 크게 소리쳐서 주위 사람들에게 도와달라고 해야 해. 평소에 주머니에 호루라기를 넣고 다니는 것도 좋은 방법이야. 전화를 할 수 있으면 112에 신고를 하면 돼.

그리고 밖에 나갈 때는 꼭 어른에게 알리고 가도록 해. 학원이나 학교를 마치고 다른 곳에 갈 일이 있으면 미리 전화를 하고 말이야. 또 혼자서 길을 다닐 때는 좁은 골목보다는 사람들이 많이 다니는 큰 길로 다니도록 해.

집에 있을 때도 조심해야 한단다. 혹시 어른이 안 계시고 집에 혼자 있을 때는 꼭 현관문을 잠그고 있어야 해. 누군가 초인종을 눌러도 절대 문을 열어주지 말고 말이야.

삐용삐용! 낯선 사람 조심!

부모님의 허락 없이는 낯선 사람뿐만 아니라 얼굴을 아는 사람이라도 따라가면 안 돼요. 꼭 부모님께 말씀드리고 움직여야 해요. 혼자 다닐 때에도 아래의 주의사항을 잘 지키면 안전하게 다닐 수 있어요.

1. 낯선 사람은 절대 따라가지 말아요.
2. 낯선 사람이 말을 시키면 길게 대화를 나누지 말아요.
3. 혼자 멀리 가지 말아야 해요.
4. 낯선 곳에 갈 때는 어른과 함께 가요.
5. 밖에서 너무 오랫동안 놀지 말아요.
6. 놀이터에 혼자밖에 없다면 집으로 돌아와요.
7. 좁은 골목보다는 큰 길로 다녀요.
8. 밖에 나갈 때는 부모님께 가는 곳을 말하고 가요.
9. 엘리베이터에 이상한 사람과 단 둘이 있을 땐 타지 말아요.
10. 낯선 사람이 짐 드는 것을 도와달라고 하면 미안하지만 그럴 수 없다고 말해요 (힘이 센 어른에게 부탁하라고 말해요).

 **나도 이제 잘 알아요!**

01. 놀이터에서 어떤 아줌마가 자기네 집 강아지를 잃어버렸다고 함께 찾자고 해요. 어떻게 해야 할까요?

02. 교문 앞에서 모르는 아저씨가 아는 척을 하면서 반가워해요. 그러면서 아빠 친구라고 아빠와 약속이 되어 있다면서 함께 가자고 해요. 뭐라고 말해야 할까요?

'싫어요' 라고 말할 줄 알아야 해요

민수는 집 근처에 있는 공원 옆을 지나가기가 싫어요.

얼마 전부터 이상한 아저씨가 지키고 있다가 민수가 지나가면 꼭 아는 척을 하거든요. 그냥 아는 척만 하는 게 아니라 자꾸 민수를 만지려고 해요.

민수는 아저씨가 만지는 것이 정말 싫지만 어른에게 뭐라고 해야 하는지 잘 모르겠어요. 하지 말라고 말했다가 야단맞으면 어떻게 해요. 그리고 어른이 민망해 할 수도 있잖아요.

민수는 이럴 때는 어떻게 해야 하는지 정말 모르겠어요.

 **이상한 아저씨가 자꾸 다가와요**

으악! 오늘도 이상한 아저씨를 만나고 말았어요. 민수는 얼른 모른 척 도망가려고 했지만 아저씨가 멀리서 말을 걸지 뭐예요. 그러면서 슬금슬금 다가와서 민수를 만지려고 해요!

이 아저씨는 왜 이러는 거지?

"어디 사니?"

곁으로 바짝 다가온 이상한 아저씨는 민수 엉덩이를 자꾸 만지며 물었어요. 민수는 기분이 정말 나빴어요. 엉덩이 위로 커다란 벌레가 꿈틀꿈틀 기어가는 거 같았어요. 그래서 얼른 엉덩이를 옆으로 쭉 뺐어요.

'하지 말라고 말할까?'

민수는 이 생각을 하다가 고개를 저었어요. 그러다 아저씨가 무섭게 변하면 어떻게 해요? 그리고 어른이 하는 행동을 싫다고 하면 민망해 할지도 모르잖아요.

"봐봐, 아저씨 다리에 털 많이 났지? 한 번 만져볼래?"

이번엔 아저씨는 바지를 쑥 걷어 올리더니 털이 숭숭 난 다리를 민수 앞으로 내밀었어요. 민수는 깜짝 놀라서 뒤로 주춤 물러났어요.

"괜찮아."

아저씨는 히죽 웃으면서 민수를 와락 껴안았어요. 민수는 너무 무서워서 가슴이 쿵쾅쿵쾅 뛰었어요. 그러더니 아저씨가 다시 슬금슬금 민수 엉덩이를 만졌어요.

"싫어요! 하지 말라고요!"

민수는 용기를 내어 소리를 버럭 질렀어요. 그러고는 아저씨 품에서 빠져나왔어요.

"우리 엄마가 다른 사람이 내 몸을 만지지 못하게 하라고 했어요!"

민수는 뒤돌아서 죽을힘을 다해 집 쪽으로 달렸어요. 찔끔 나온 눈물도 닦으면서요.

내 몸을 지키는 법을 알아둬!

우리 몸은 아주 소중한 거란다.

특히 누구에게도 보여주거나 만지게 해서는 안 되는 부분도 있어. 다른 사람이 허락 없이 만졌을 때 너무 창피하고 기분이 나쁜 곳이라면 더욱 그렇지.

그런데 귀엽다고 말하면서 몸을 만지려는 어른들이 종종 있어. 머리를 쓰다듬는 것 정도는 괜찮아. 그런데 내 얼굴이 빨개지고 창피한 마음이 들 정도로 몸을 여기저기 만지는 어른이 있어.

또 어떤 어른은 자기 몸을 만져보라고도 말해. 보여줘서는 안 될 부분을 보여주기도 하지. 이럴 때는 단호하게 말해야 해.

"싫어요!"

"안 해요!"

"안 돼요!"

다른 걱정은 절대 하지 말고 자기 생각을 정확하게 표현해야 한단다. 무섭더라도 큰 소리로 소리치며 뿌리쳐야 해.

그리고 그런 일이 있었을 때는 꼭 부모님에게 사실대로 말해야 해. 부끄럽거나 무섭다고 숨기면 절대 안 돼. 그런 행동을 한 어른이 다른 사람한테 비밀로 하자고 해도 말하지 않으면 안 된단다.

부모님이 사실을 알아야 다시는 내게 그런 일이 일어나지 않도록 할 수 있는 거야.

위험할 땐 이렇게 말해요!

여러분에게 낯선 사람이나 이상한 사람이 다가와서 내 몸을 만지려고 하거나 끌고 가려고 하고 같이 가자고 하면 꼭 이렇게 말해야 해요. 큰소리로 뿌리치면서 표현해야 자신을 지킬 수 있어요.

싫어요!
이상한 사람이 내 몸을 만지려고 하면 이렇게 소리쳐요.

안 해요!
이상한 사람이 자신의 몸을 만지게 하면 이렇게 소리쳐요.

안 돼요!
이상한 사람이 사람들이 없는 장소로 끌고 가려고 하면 이렇게 소리쳐요.

 **나도 이제 잘 알아요!**

01. 남이 내 몸을 함부로 만지지 못하게 하는 이유는 뭘까요?

02. 누가 내 몸을 만졌을 때 엄마, 아빠께 사실대로 말해야 하는 이유는 뭘까요?

위험할 때는 어디로 전화해야 할까요?

갑자기 내게 위험한 일이 생길 때가 있어요.

그럴 때 누군가에게 도와달라고 전화하려면 언제, 어디로 해야 할까요?

민수는 학교에서 그럴 때 어디로 전화하는지에 대해 배웠어요. 몇 번으로 전화하는지도 배웠고요.

민수는 배운 전화번호를 하나하나 휴대전화에 저장했어요.

그랬더니 누군가가 항상 민수 옆에 있는 것 같아 마음이 든든했어요. 이제 민수에게 무슨 일이 생겨도 누군가가 달려와 줄 수 있을 것 같아요.

112 위험한 일이 일어나면 난 어떻게 해야 할까요?

민수는 집에 오는 길에 골목에서 싸우는 듯한 소리를 들었어요. 살짝 보니 친구가 형들한테 괴롭힘을 당하고 있지 뭐예요. 민수한테 그러는 것처럼요. 민수는 불이 났을 때처럼 똑같이 이럴 때도 신고하는 게 좋은 건지 고민이 돼요.

무조건 참지 않을 거야!

민수는 요즘 학교 가기가 싫어요.

성재를 괴롭히는 5학년 형이 자꾸 민수도 괴롭히거든요. 학교에 갈 때면 사람이 뜸한 길에 지키고 서 있다가 민수를 따라와요. 옆구리를 찌르기도 하고 발로 다리를 걸어 차기도 해요. 그러면서 돈을 내놓으래요.

"선생님이나 엄마, 아빠한테 이르면 가만 안 둬."

그 형은 이렇게 협박도 해요. 오늘은 말을 잘 듣지 않는다면서 주먹으로 민수 머리를 쥐어박기도 했어요. 민수는 정말 무섭지만 이르면 가만 안 둔다는 말에 부모님께 말하지도 못하고 혼자 끙끙 앓았어요.

한참을 고민하던 민수는 결국 같은 반 친구 소라에게 몰래 이런 얘기를 했어요. 소라는 어른이 아니니까 5학년 형이 알아도 뭐라고 하지 않을 거예요.

그러자 소라는 당장 선생님에게 이르자고 했어요. 하지만 민수는 겁이 났어요. 이르면 더 괴롭힘을 당할 것 같아서요.

"좋은 수가 있어."

소라가 눈을 반짝이며 말했어요.

"내가 신고할게. 길을 가다가 네가 괴롭힘을 당하고 있는 걸 봤다고 하지."

소라는 휴대전화를 꺼내 어디론가 전화를 했어요. 민수가 어디에 전화한 거냐고 물으니 117번으로 했대요.

"텔레비전에서 학교에서 괴롭힘을 당하면 이 번호로 전화하라고 하는 걸 봤거든. 이제 안심해도 돼."

소라는 씨익 웃으며 민수에게 말했어요. 정말 괜찮은 걸까요?

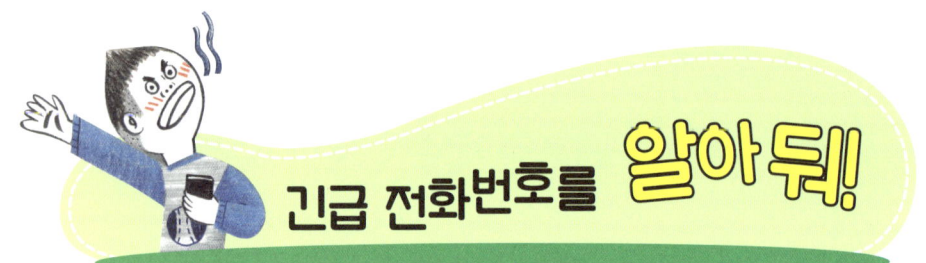

긴급 전화번호를 알아둬!

위험한 일이 일어났을 때 어디로 전화해야 하는지 알고 있니?
불이 나면 소방서로 전화해야 하는 거는 모두 다 알 거야. 바로 119야. 사람이 아파서 쓰러지거나 다쳤을 때도 119 구조대로 전화를 해야 해.

그럼 경찰서에 신고할 일이 생기면 몇 번으로 해야 하지? 그래, 112야. 길에서 누군가 싸우고 있거나 물건을 훔친 사람을 본다면 바로 112로 신고하는 거야. 집에 도둑이 들었을 때도 마찬가지고 누군가 나를 유괴하려고 해도 112로 신고하면 돼.

그럼 인터넷에 남긴 나쁜 글은 어디로 신고하는 줄 아니? 118번으로 하면 된단다.
그리고 민수가 겪은 것처럼 친구들 사이에 왕따를 당하거나 돈을 빼앗기는 일 또는 폭력을 당할 때도 전화로 도와달라고 말할 곳이 있어. 바로 학교폭력 신고센터인데 전화번호는 117이야. 117은 다른 긴급전화와 마찬가지로 시간에 상관없이 아무 때나 전화해도 돼. 학교폭력을 당하고 있다고 신고를 하고 상담을 받을 수 있단다. 두려워하지 말고 신고를 해야만 더 이상 괴롭힘을 당하지 않을 수 있다는 걸 꼭 알아둬야 해!
이런 전화번호 외에도 집 전화번호와 부모님 전화번호는 꼭 외워두도록 하자.

긴급 전화 지도

우리가 항상 외우고 있어야 할 번호들이 있어요. 위험한 상황이나 급할 때 나를 도와줄 수 있는 번호들이에요. 가장 먼저 외워야 할 번호는 부모님의 휴대전화 번호와 집 전화번호예요. 다른 긴급전화번호들은 아래 지도를 보면서 상황에 맞는 번호를 찾아 외워 두세요.

소방서 119
불이 났을 때, 급한 환자가 있을 때, 사람이 다칠 수 있는 위급한 상황일 때 신고해요.

사이버테러 118
인터넷에 올린 이상한 글이나 나쁜 글을 신고해요.

경찰서 112
도둑이나 범죄를 저지르는 사람을 신고해요.

117
학교폭력 신고 및 상담:
학교에서 폭력 또는 왕따를 당하거나 그런 친구를 봤을 때 신고하고 상담도 받을 수 있어요.

 나도 이제 잘 알아요!

01. 산에서 사람이 절벽 아래로 떨어졌어요. 어디로 신고해야 할까요?

02. 어떤 사람이 가게에서 물건을 훔치는 걸 봤어요. 어디로 신고해야 할까요?

03. 나쁜 중학생이 자꾸 나에게 돈을 갖고 오라고 시켜요. 말을 듣지 않으면 괴롭혀요. 어디로 신고해야 할까요?

아이의 인성을 키우는 생활예절 교실 시리즈

어디에서나 사랑받고 또 사랑주는 아이로 자라나기 위한 초등 저학년 교양 필독서!
가장 상식적이고 기초적인 일상생활 속 기본 교양을 담았다

행복하고 인성이 바른 아이로 키우는, 누군가는 꼭 알려주어야 할
인성, 가치관, 관계의 기본!

재미있는 만화와 스토리텔링, 알찬 정보와 직접 생각하고 써 보는 문제까지!
한 권으로 우리 아이의 올바른 인성과 가치관, 예절, 사회성을 키운다

아이의 인성을 키우는 생활예절 교실 01

생활 속 바른 언어 습관 깨우치기
언어 예절, 이것만은 알아 둬!

박현숙 지음 | 안경희 그림 | 112면 | 값 11,000원

"때와 장소에 맞는 올바른 언어 예절 익히기!"

초등 저학년 아이들의 일상생활 속에서 꼭 알아두어야 할 언어 예절에 대해 재미있고 쉽게 풀어낸 책이다. 인사말, 대화법, 호칭까지 가장 기본적이지만 제대로 배울 기회가 적었던 정보들을 한데 묶어 올바른 언어 예절과 함께 아이의 인성까지 길러준다. 아이들에게 흔히 일어나는 에피소드늘을 통해 스스로 사고하며 실천해 볼 수 있도록 길을 잡아주어 지루할 틈이 없다.

아이의 인성을 키우는 생활예절 교실 02

생활 속 공공장소 예절 깨우치기
공공장소 예절, 이것만은 알아 둬!

박현숙 지음 | 박연옥 그림 | 112면 | 값 11,000원

"공공장소에서 꼭 필요한 올바른 행동예절 익히기!"

초등 저학년 아이들의 일상생활 속에서 꼭 알아두어야 할 공공장소 예절에 대해 재미있고 쉽게 풀어낸 책이다. 여러 사람과 함께 사용하는 도서관, 영화관, 대중교통 등의 장소에서 질서와 예절을 알려주는 정보를 재미있는 에피소드로 구성했다. 공공장소에서의 올바른 행동예절을 통해 아이의 바른 인성도 함께 길러주는 책이다.

아이의 인성을 키우는 생활예절 교실 시리즈

아이의 인성을 키우는 생활예절 교실 03

생활 속 식사 습관과 예절 깨우치기
식사 예절, 이것만은 알아 둬!

박현숙 지음 | 안경희 그림 | 112면 | 값 11,000원

"건강한 아이로 자라나는 올바른 식사 예절 익히기!"

초등 저학년 아이들의 일상생활 속에서 꼭 알아두어야 할 식사 예절에 대해 재미있고 쉽게 풀어낸 책이다. 올바른 식탁 차림에서부터 어른과의 식사 예절, 아이의 건강을 책임질 사소한 식습관까지 재미있는 글과 만화를 통해 꼼꼼하게 챙겨준다. 식습관과 식사 예절을 알아보며 아이의 바른 인성도 함께 길러주는 책이다.

아이의 인성을 키우는 생활예절 교실 04

생활 속 안전 습관 깨우치기
안전 습관, 이것만은 알아 둬!

박현숙 지음 | 박연옥 그림 | 112면 | 값 11,000원

"아이의 안전하고 행복한 생활을 위한 올바른 안전 습관 익히기!"

초등 저학년 아이들의 일상생활 속에서 꼭 알아두어야 할 안전 습관에 대해 재미있고 쉽게 풀어낸 책이다. 질병 예방법과 물건 안전하게 다루는 법, 도로와 차를 조심하는 법, 낯설고 이상한 사람으로부터 자신을 지켜내는 법 등 아이를 위험에서 지켜줄 필수 안전 수칙들을 담았다. 자칫 놓치기 쉬운 일상 속 사소한 안전 습관을 알아보며 아이의 바른 인성도 함께 길러주는 책이다.

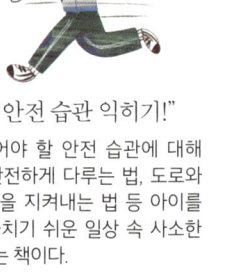

아이의 인성을 키우는 생활예절 교실 05

생활 속 행복한 친구 관계 맺는 법 깨우치기
친구 관계, 이것만은 알아 둬!

박현숙 지음 | 박연옥 그림 | 112면 | 값 11,000원

"행복한 친구 관계를 위한 올바른 행동 예절 익히기!"

초등 저학년 아이들의 일상생활 속에서 꼭 알아두어야 할 친구 관계 예절에 대해 재미있고 쉽게 풀어낸 책이다. 친구를 양보하고 배려하는 법, 고운 말 쓰기, 친구를 칭찬하는 법, 친구를 따돌리지 않는 법 등 아이의 행복한 친구 관계를 위한 행동과 마음 예절들을 담았다. 친구 사이에서 놓치기 쉬운 관계 맺음법을 점검하고 바로잡으며 아이의 바른 인성도 함께 길러주는 책이다.